本教材受教育部中外语言交流合作中心 2021 年度国际中文教育创新项目——联合国工发组织全球农业与食品工程领域可持续发展项目资助，项目号：21YH026CX5

国际中文教育·专业汉语教材

农机汉语

项目监制：任晓霏

策　　划：江永华

主　　编：茅海燕　唐　敏

副主编：徐　丹

英法校注：谢　寒

江苏大学出版社
JIANGSU UNIVERSITY PRESS

镇 江

图书在版编目(CIP)数据

农机汉语 / 茅海燕,唐敏主编. -- 镇江:江苏大学出版社,2022.12

ISBN 978-7-5684-1880-5

Ⅰ.①农… Ⅱ.①茅… ②唐… Ⅲ.①汉语-对外汉语教学-教材 Ⅳ.①H195.4

中国版本图书馆 CIP 数据核字(2022)第 244119 号

农机汉语
Nongji Hanyu

策　　划/江永华
主　　编/茅海燕　唐　敏
责任编辑/李经晶
出版发行/江苏大学出版社
地　　址/江苏省镇江市京口区学府路 301 号(邮编:212013)
电　　话/0511-84446464(传真)
网　　址/http://press. ujs. edu. cn
排　　版/镇江文苑制版印刷有限责任公司
印　　刷/江苏凤凰数码印务有限公司
开　　本/710 mm×1 000 mm　1/16
印　　张/15.75　插页 8 面
字　　数/292 千字
版　　次/2022 年 12 月第 1 版
印　　次/2022 年 12 月第 1 次印刷
书　　号/ISBN 978-7-5684-1880-5
定　　价/50.00 元

如有印装质量问题请与本社营销部联系(电话:0511-84440882)

序

随着"一带一路"倡议的深入推进，中国高校在"一带一路"高质量人才培养、高效率共建共享、高水平教育公共产品保障等共同应对全球挑战、促进人类福祉方面有担当有作为，做出了诸多有益的探索和实践。近年来，江苏大学与联合国合作，共同致力于农业机械化技术的应用和推广，为国际社会源源不断地输送农业人才，帮助"一带一路"沿线国家青年学者发挥所长，助力全球农业可持续发展与全球减贫事业。截至2022年，学校已为"一带一路"共建国家培训1400余名农业机械人才，包括青年农机管理者、农机操作人员、农业相关专业师生等。

江苏大学的前身之一——镇江农机学院于1960年为贯彻落实毛泽东主席"农业的根本出路在于机械化"的重要指示应运而生；1978年学校被国务院确定为全国首批88所重点大学之一；1981年学校成为全国首批具有博士学位授予权的高校，为国家培养了第一批农机高级人才。学校从最早的农业机械设计制造，逐步衍生出农业电气化与自动化、农产品加工工程、农用车辆动力、农机材料、农用水利和节水排灌、设施农业装备等研究方向。经过60余年的砥砺奋进，学校已经形成了"工中有农，以工强农"的办学特色和优势，工程学、化学和农业科学进入ESI前千分之一。学校自20世纪80年代起就开始承担联合国工业发展组织、联合国亚太经济社会委员会农机人才培训工作，近年来又签订了合作备忘录，成为联合国农机技术国际转移、国际人才培养和国际学术交流的基地和合作伙伴。此外，学校大力推进留学生教育。目前学校留学生数量已达2300余人，生源国拓展至130余个国家。

文学院（语言文化中心）多年来致力于国际中文教育教学改革，传承弘扬中华农耕文明，出版了《魅力汉语》系列教材，编纂了《唐诗里的农耕文化》；在推进"一带一路"留学生基础汉语农机人才培训、汉语桥"踏上汉语桥，开启中华农机文化之旅"、国际中文教育创新项目——"联合国工发组织全球农业与食品工程领域可持续发展项目"等系列项目中，进一步研发出专业汉语课程——"农机汉语"及其专门教材。本教材分为生活篇、农业篇和农机操作篇，以农机技术培训为中心，内容涵盖耕种、灌溉、施肥、收割、农产品加工、园艺及气象等农业生产过程所涉及的农业机械专业汉语的讲解和实训，并配备农机汉语高频词表，辅以英语、法语解释，以提升学习者在农机培训中的跨文化交际能力。

2022 年 3—8 月，学校将国际中文教育创新项目——联合国工发组织全球农业与食品工程领域可持续发展项目与教育部"中非友谊"中国政府奖学金农业装备使用与维修人才来华进修项目、农业农村部中国-巴基斯坦现代农业创新院培训项目有效融合，并在学校自主开展的"丰收非洲"赞比亚农业机械化培训项目的基础上加以拓展。在系列农业机械化培训（包括农业耕种、田间管理、节水灌溉、谷物收获、食品加工与农产品质检等农业生产全过程的装备技术）中，来自赞比亚、埃塞俄比亚、刚果、加纳、尼日利亚、喀麦隆、埃及、巴基斯坦等非洲国家和亚太国家的 123 名学员全程参加培训，并顺利结业。在专业培训之外，有近 30 名学员完成"农机汉语"的学习和系列中国农业文化体验。学员们纷纷表示培训内容系统全面，培训形式生动有趣，从科学技术到人文情怀都得到了全面提升。特别是通过"农机汉语"课程的学习，有效提升了他们对中国传统农业文明和现代农业机械化、智能化的理解和认知。联合国秘书长高级别咨询委员会成员、习近平外交思想研究中心秘书长、中国国际问题研究院院长徐步在培训结业典礼的致辞中肯定了江苏大学与联合国密切合作，在推进农机技术国际转移、国际人才培养、国际中文教育等方面的创新举措。

本教材是推进"一带一路""中文+职业技能培训"深耕细作、落地生根的有益实践和宝贵成果，值得推广应用。

本教材受教育部中外语言交流合作中心 2021 年度国际中文教育创新项目——联合国工发组织全球农业与食品工程领域可持续发展项目资助（项目号：21YH026CX5）。

任晓霏

江苏大学文学院院长

语言文化中心主任

2022 年 10 月

教材使用说明......

　　本教材是面向中文授课、涉农专业留学本科生及研究生的专业通识课教材，也可供国际农业工程短期培训班学员使用。

　　基于留学生中文授课中缺乏专业类教材的现实情况，编写组顺应教学需求，结合专业学习的特点，紧扣农业机械专业学习的理论知识与实践需求编写了本教材，并给每一段对话或每一段短文中的词语配以相对应的英语和法语翻译或注释，以期达到帮助学生扫清专业词汇障碍、掌握常用专业表达句型的目的，希冀为国际学生专业学习夯实汉语基础。

　　本教材按照"基础汉语·生活篇""基础知识·农业篇""机械知识·农机操作篇"三大板块设计，既与留学生基础汉语衔接，又巧妙过渡到专业词汇的学习；既照顾到不同汉语水平学生的需求，又考虑到专业词汇的学习与使用。其中"基础汉语·生活篇"和"基础知识·农业篇"供第一学期学习使用，"机械知识·农机操作篇"供第二学期学习使用。

　　根据国家语言文字工作委员会 2021 年 3 月 24 日颁布的"国际中文教育中文水平等级标准"中的三等九级，本教材视学情分为两大模块开展教学。具体建议如下：

　　（1）"基础汉语·生活篇"共四篇课文，既为学生汉语复习、学习提供相应的基础词汇，又为中文进阶学习设计相对应的、与专业衔接的对话内容，为后续专业学习做好铺垫。此模块建议每课主干课文 1~3 段，安排 6~9 课时。根据学情可以取舍第一到第四题的练习。如学生汉语水平已达 HSK 六级，可继续安排 2~4 课时完成第五到第八题的拓展阅读及其练习。

　　（2）"基础知识·农业篇"共八篇课文、"机械知识·农机操作篇"共十二篇课文，这两大板块是紧跟"农机操作"专业学习进度设置的二十篇课文。每篇课文分为"专业启动"学习与"专业进阶"学习两大部分。

　　"专业启动"部分的核心任务是紧扣课文题目开展相对应的专业知识入门

学习。主干课文有 500 个左右汉字和 40 个左右生词，建议已达 HSK 六级水平（阅读范围 900 个汉字以内）的留学生安排 4 课时，随堂完成第一到第四题的练习。未达 HSK 六级水平的留学生安排 6~8 课时，随堂完成第一到第四题的练习。

"专业进阶"部分的核心任务是紧跟每课前一环节（主干课文）——"专业启动"课文的内容，进一步开展相对应的专业知识的"进阶"学习。"专业进阶"部分中设计了"阅读"与"写作"两个板块。第一到第二题重点在阅读与仿说，要求留学生汉语水平已达 HSK 七级。课文有 450 个左右汉字和 30 个左右生词，建议安排 2 课时，随堂完成第一到第四题的练习。未达 HSK 七级水平的留学生安排 4~6 课时，随堂完成第一到第四题的练习。如留学生汉语水平已达 HSK 七级（阅读速度不低于 200 字/分钟），可继续安排 2 课时学习第七题"阅读拓展"，课后完成第八题练习，为后期的科研报告与论文开题的撰写铺平道路。

基于突出实践操作的目的，本教材借用网络图片与公开视频，结合每课内容推介生动形象的各类农机的特色与功能，每课配备了相应的课件，便于一线教师根据学情做适度的调整或取舍。

目 录

基础汉语

生活篇

第一课

欢迎欢迎

本课问题导向

1. 你为什么来中国留学？
2. 你打算学什么专业？
3. 你喜欢自己的专业吗？

第一课

一、课文

课文1 欢迎你来中国留学！

（一）词语

1	qǐngwèn	请问	please	s'il vous plaît
2	nóngyè	农业	agriculture	agriculture
3	jīxièhuà	机械化	mechanization	mécanisation
4	jíqí	及其	and its	et son, sa
5	zìdònghuà	自动化	automation	automatisation
6	zhuānyè	专业	major	spécialité
7	xīnshēng	新生	freshman	étudiant de première année
8	jīntiān	今天	today	aujourd'hui
9	bàodào	报到	registration	enregistrement
10	huānyíng	欢迎	welcome	bienvenue
11	liúxué	留学	study abroad	étudier à l'étranger
12	bànlǐ	办理	handle	traiter
13	shǒuxù	手续	formalities	formalités

14	hùzhào	护照	passport	passeport
15	lùqǔ	录取	admission	admission
16	tōngzhī	通知	notice	avis
17	shēntǐ	身体	body	corps
18	jiǎnchá	检查	examination	examen
19	bàogào	报告	report	rapport
20	zhàopiàn	照片	photo	photo
21	dài	带	bring	ramener
22	xiànzài	现在	now	maintenant
23	tián	填	fill in	remplir
24	biǎo	表	form	formulaire
25	yīnggāi	应该	should	devoir
26	xiě	写	write	écrire
27	míngzi	名字	name and surname	prénom et nom
28	xuéshēngzhèng	学生证	student card	carte d'étudiant
29	sùshè	宿舍	dormitory	dortoir
30	yàoshi	钥匙	key	clé
31	bǎoguǎn	保管	keep	garder
32	bāngzhù	帮助	help	aider

（二）课文

麦　克：请问，王老师在吗？

王老师：你好，我就是王老师。请问有什么事吗？

麦　克：您好！王老师，我是农业机械化及其自动化专业的新生，我叫
　　　　麦克，今天来报到。

王老师：你好，麦克！欢迎你来中国留学！

麦　克：谢谢您！请问，我需要办理什么手续？

王老师：你的护照、录取通知书、身体检查报告和照片都带了吗？

麦　克：都带来了。

王老师：那就请你现在填写这张报到表。

麦　克：王老师，我已经写好了我的名字、护照号码、学院、专业和报
　　　　到时间。请问，这儿应该写什么？

王老师：写你的中文名字。

麦　克：我现在没有中文名字，怎么办？

王老师：没关系，现在可以不写。这是你的学生证和宿舍钥匙，请保
　　　　管好。

麦　克：好的，王老师，谢谢您帮助我！

王老师：不用客气。再见！

麦　克：再见！

课文 2　欢迎光临

（一）词语

1	guānglín	光临	come	venir
2	liǎ	俩	two	deux
3	zuì	最	the most	le plus
4	chángchang	尝尝	taste	déguster
5	dìdao	地道	typical	typique
6	cāntīng	餐厅	restaurant	restaurant
7	càidān	菜单	menu	menu
8	nà	那	well	alors
9	dào	道	a piece of	une portion de
10	qīngchǎo tǔdòusī	清炒土豆丝	pan-fried shredded potatoes	pommes de terre râpées sautées
11	tángcù páigǔ	糖醋排骨	sweet and sour pork ribs	côtes de porc aigres-douces
12	zài	再	and	et
13	fānqié jīdàn tāng	番茄鸡蛋汤	tomato and egg soup	soupe aux tomates et aux œufs
14	dòujiāng	豆浆	soybean milk	lait de soja
15	guǒzhī	果汁	juice	jus
16	kělè	可乐	Coke	coca

17	tīngshuō	听说	be told	entendre dire
18	xíguàn	习惯	be used to	s'habituer à
19	rùxiāng-suísú	入乡随俗	do as the Romans do	faire comme les Romains font
20	mǎidān	买单	pay	payer
21	fùqián	付钱	pay	payer
22	yòng	用	use	utiliser
23	Wēixìn	微信	Wechat	Wechat
24	shōukuǎn	收款	collect money	collecter de l'argent
25	èrwéimǎ	二维码	QR code	QR code
26	fāngbiàn	方便	convenient	pratique
27	xiànzài	现在	now	maintenant
28	chūmén	出门	go out	sortir
29	hěnshǎo	很少	rarely	rarement
30	dài	带	bring	ramener
31	qiánbāo	钱包	wallet	porte monnaie

(二) 课文

服务员：欢迎光临！请问几位？这边儿请！

麦　克：谢谢！就我们俩。

叶明明：你想吃点儿什么？

麦　克：我最想尝尝地道的中国菜。

服务员：我们这儿是中国餐厅，都是中国菜。这是菜单，请二位看看。

叶明明：那我们就点一道清炒土豆丝、一道糖醋排骨，再来一个番茄鸡蛋汤吧！

麦　克：好的。我们喝什么？

叶明明：我看看菜单上有什么。有豆浆、果汁，还有可乐，你想要什么？

麦　克：我就尝尝豆浆吧！听说中国人很喜欢喝豆浆。我们既要学习说汉语，也要习惯吃中国菜。

叶明明：哇，麦克的汉语真不错！刚才你说的就是"入乡随俗"的意思。

…………

叶明明：服务员，买单。

服务员：来了。请问您怎么付钱？

叶明明：用微信。

服务员：好的，这是收款二维码。

麦　克：真方便啊，微信也能付钱！

叶明明：当然，我现在出门很少带钱包。

课文 3　欢迎加入！

（一）词语

1	dǎoshī	导师	supervisor	tuteur
2	zhàokāi	召开	hold	tenir
3	tuánduì	团队	team	équipe
4	huìyì	会议	meeting	réunion
5	yuánlái	原来	originally	à l'origine
6	jiārù	加入	join	joindre
7	láizì	来自	come from	venir de
8	Āisàiébǐyà	埃塞俄比亚	Ethiopia	Ethiopie
9	búdàn	不但	not only	non seulement
10	érqiě	而且	but also	mais aussi
11	jiéshuǐ	节水	water saving	économie d'eau
12	guàngài	灌溉	irrigation	irrigation
13	xìngqù	兴趣	interest	intérêt
14	yánjiū	研究	research	recherche
15	chéngguǒ	成果	achievement	réussite
16	rènwù	任务	task	tâche
17	zhòng	重	heavy	lourd, e
18	wánchéng	完成	finish	finir
19	xuéqī	学期	term	semestre
20	kètí	课题	project	projet
21	shēnbào	申报	apply	appliquer
22	xīwàng	希望	hope	espérer

23	nǔlì	努力	strive	s'efforcer
24	hùxiāng	互相	each other	l'un l'autre
25	bāngzhù	帮助	help	aider

（二）**课文**

同学们好！前几天大家已经认识我了吧？我是你们的导师，叫赵钢。

今天，我们召开一次团队会议。

我们的团队原来有五位同学，现在又加入了一位新同学。他是来自埃塞俄比亚的麦克，他跟大家一样，都是农业机械化及其自动化专业的学生。他不但对节水灌溉非常有兴趣，而且已经有了一些研究成果。欢迎麦克加入我们的研究团队！

这学期，我们的研究任务很重，既要完成上学期的课题，又要申报新的课题。希望我们团队的每一个同学都能努力学习、互相帮助。

二、语言点

1. 结果补语"好"

结果补语"好"用在动词的后面，表示动作完成，而且令人满意，例如"吃好""准备好""保管好"。

"我吃完了"只表示动作的完成；"我吃好了"，不但表示动作完成了，而且"吃得很满意"。例如：

（1）我们已经吃好了。

（2）文件都准备好了。

（3）请保管好您的发票。

2. 关联词"既……又……"

"既……又……"在使用中表示的是并列关系。例如：

（1）他既会说汉语，又会说英语和法语。

（2）麦克在北京旅游期间，既参观了名胜古迹，又了解了风土人情。

3. 比较句"A 跟 B 一样（+adj）"

"A 跟 B 一样（+adj）"表示的是 A 和 B 比较，结果相同，后面可以用形容词表示比较的某一方面，如"一样高"表示高度相等；否定式是在"一样"的前面加"不"。例如：

（1）这本书跟那本书一样。

（2）弟弟跟哥哥一样帅。

（3）麦克的专业跟叶明明的不一样。

4. 关联词"不但……而且……"

"不但……而且……"在使用中表示的是递进关系。例如：

（1）他不但对农机设备感兴趣，而且很关注智能农业的发展。

（2）麦克不但喜欢吃中国菜，而且还会做中国菜。

三、词语练习

1. 依据课文填空

① 麦克是农业机械化及其自动化_____的新生，今天，他到王老师的办公室_____，王老师欢迎麦克来中国留学。麦克_____了护照、录取通知书、身体检查报告和照片，_____好了报到表。王老师给了麦克学生证和宿舍钥匙，让麦克_____好。

② 麦克想尝尝_____的中国菜，叶明明请他一起去吃饭。他们点了两__ _____菜和一个汤。麦克认为，在中国，_____要学习说汉语，_____要习惯吃中国菜。叶明明说，这就叫"_____"。

③ 麦克的导师赵钢_____了一次团队会议，他为大家介绍说，麦克来自_____，他的专业跟大家的_____，都是农业机械化及其自动化。麦克不但对节水灌溉非常有_____，而且已经有了一些研究_____。欢迎麦克_____研究团队。

2. 看拼音写词语

nóngyè	jīxièhuà	jíqí	zìdònghuà
_____	_____	_____	_____
zhuānyè	xīnshēng	jīntiān	xíguàn
_____	_____	_____	_____
rùxiāng-suísú	mǎidān	fùqián	yòng
_____	_____	_____	_____
Wēixìn	shōukuǎn	èrwéimǎ	wánchéng
_____	_____	_____	_____
xuéqī	kètí	shēnbào	xīwàng
_____	_____	_____	_____

四、课堂表述与讨论

1. 请介绍你第一次吃中国菜的经历。

2. 请介绍你的专业，尤其是你感兴趣的研究方向（尽量使用本课学习的语法和句型）。

五、拓展练习

苏子容"入乡随俗"

苏子容，北宋大臣，奉命出使辽国，在辽国正好赶上冬至。宋朝历法的冬至比辽国的早一天。辽国人问他哪一种历法才正确，苏子容回答说："每个国家的历法家计算时间所采取的方法是不一样的，所以会有早有晚。各自根据本国的历法过就可以了。"辽国人认为他讲得很有道理，于是就按照自己的历法来庆祝冬至。

苏子容是个杰出的外交家，他对两个国家的历法都做了肯定，既表达了对辽国的尊敬，又无损于自己国家的尊严。

"入乡随俗"指的是到哪个地方就顺从哪个地方的风俗，常用于形容外乡人尊重、适应和主动融入当地风俗文化的行为举止。

补充词语

1	fèng mìng	奉命	as ordered	comme commandé
2	chūshǐ	出使	visit	visiter
3	Liáoguó	辽国	Liao Dynasty	Dynastie Liao
4	dōngzhì	冬至	Winter solstice	solstice d'hiver
5	Sòngcháo	宋朝	Song Dynasty	Dynastie Song
6	lìfǎ	历法	calendar	calendrier
7	jìsuàn	计算	calculate	calculer
8	shíjiān	时间	time	temps
9	cǎiqǔ	采取	adopt	adopter
10	fāngfǎ	方法	method	méthode

11	gēnjù	根据	according to	selon
12	dàolǐ	道理	reason	raison
13	ànzhào	按照	according to	selon
14	qìngzhù	庆祝	celebrate	célébrer
15	jiéchū	杰出	excellent	excellent
16	wàijiāojiā	外交家	diplomat	diplomate
17	kěndìng	肯定	affirmation	affirmation
18	biǎodá	表达	express	exprimer
19	zūnjìng	尊敬	respect	respecter
20	wúsǔnyú	无损于	no damage to	pas de dommage à
21	dìfang	地方	place	lieu
22	shùncóng	顺从	obey	obéir
23	fēngsú	风俗	custom	coutume
24	xíngróng	形容	describe	décrire
25	wàixiāngrén	外乡人	outlander	étranger, ère
26	zhǔdòng	主动	take the initiative	prendre l'initiative
27	róngrù	融入	assimilate into	s'intégrer
28	dāngdì	当地	local	local, e
29	wénhuà	文化	culture	culture

课后练习

1. 复习短文生词，熟记读音并书写生词。

2. 请用汉语说一说"苏子容'入乡随俗'"的故事。

六、对话仿说

1. 请说一说，你来中国留学的时候是怎么报到的。

开学

2. 请说一说你的宿舍里有哪些生活设施。

七、阅读拓展

非洲小伙子热爱中国文化

今年 21 岁的 Michael（杨靖）在江苏大学临床医学专业学习。"杨靖"这个中文名字，是 Michael 自己取的，他认为"靖"字能体现他的性格特点。

今年年初，杨靖无意中听到一首古琴曲，他的心被深深地打动了。杨靖萌发了学习古琴的念头。他来到镇江梅庵琴派琴堂——"五柳堂"拜访古琴老师。刚开始老师婉拒了杨靖，但是他并没有气馁，每个周末都去"五柳堂"旁听古琴课，以自己的勤奋好学打动了古琴老师。古琴老师终于收下了这位外国徒弟。

现在，杨靖每天在宿舍都要练习古琴一两个小时，他的梦想就是将古琴艺术在非洲推广开来，他相信能歌善舞的非洲同胞一定会喜欢上古琴。

（节选自 2020 年 1 月 7 日《镇江日报》，作者孙晨飞，有删改）

补充词语

1	Fēizhōu	非洲	Africa	Afrique
2	xiǎohuǒzi	小伙子	young man	jeune homme
3	rè'ài	热爱	adore	adorer

4	wénhuà	文化	culture	culture
5	Yáng Jìng	杨靖	Yang Jing	Yang Jing
6	línchuáng	临床	clinical	clinique
7	yīxué	医学	medicine	médecine
8	qǔ	取	name	nommer
9	rènwéi	认为	consider	considérer
10	tǐxiàn	体现	reflect	refléter
11	xìnggé	性格	character	personnage
12	tèdiǎn	特点	feature	caractéristique
13	wúyì	无意	unintentionally	involontairement
14	shǒu	首	a piece of	une pièce de
15	gǔqín	古琴	a type of instrument	un type d'instrument
16	qǔ	曲	song	chanson
17	bèi	被	express the passive voice	exprimer la voix passive
18	shēnshēn	深深	deeply	profondément
19	dǎdòng	打动	touch	toucher
20	méngfā	萌发	germer	germinate
21	niàntou	念头	idea	idée
22	Zhènjiāng	镇江	Zhenjiang	Zhenjiang
23	Méi'ān qínpài	梅庵琴派	Mei'an school	école Mei'an
24	qíntáng	琴堂	instrument school	école d'instrument
25	Wǔliǔ táng	五柳堂	Wuliu Tang	Wuliu Tang
26	bàifǎng	拜访	visit	visiter
27	kāishǐ	开始	at the beginning	au debut
28	wǎnjù	婉拒	refuse politely	refuser poliment
29	qìněi	气馁	be discouraged	être découragé
30	zhōumò	周末	weekend	weekend
31	pángtīng	旁听	audition	audition
32	qínfèn	勤奋	diligent	diligent

33	hàoxué	好学	studious	studieux，se
34	shōu	收	recevoir	receive
35	túdì	徒弟	apprentice	apprenti
36	liànxí	练习	practice	pratiquer
37	xiǎoshí	小时	hour	heure
38	mèngxiǎng	梦想	dream	rêve
39	yìshù	艺术	art	art
40	tuīguǎng	推广	promote	promouvoir
41	xiāngxìn	相信	believe	croire
42	nénggē-shànwǔ	能歌善舞	be good at singing and dancing	être bon，ne en chant et danse
43	tóngbāo	同胞	fellow	compagnon

课后练习

1. 复习短文生词，熟记读音并书写生词。

2. 请说一说自己喜欢哪些中国文化，以及喜欢的原因。

八、课后仿说

1. 请介绍一位同专业的同学。（如他来自哪个国家，他对什么研究感兴趣，他有什么研究成果，等等）

2. 请举例说说自己或者同学"入乡随俗"的故事。

第二课

请问，这是哪儿？

 本课问题导向

1. 你熟悉自己的校园吗？
2. 你的学院、图书馆、宿舍分别在校园的什么地方？
3. 你的学校周围有医院、银行和电影院吗？

第二课

一、课文

课文1 请问，这是农机学院吗？

（一）词语

1	nóngjī	农机	agricultural machinery	machine agricole
2	xuéyuàn	学院	college	collège
3	wén xuéyuàn	文学院	liberal art college	collège de lettres
4	lí	离	from	de
5	yuǎn	远	far	loin
6	yìzhí	一直	always	toujours
7	wǎng	往	towards	vers
8	dì	第	prefix before a number	préfixe devant un nombre
9	lùkǒu	路口	intersection	intersection
10	zuǒ	左	left	gauche
11	guǎi	拐	turn	tourner
12	zuò	座	a quantifier	un quantificateur

13	bái(sè)	白(色)	white	blanc, che
14	lóu	楼	building	bâtiment
15	qí	骑	ride	monter
16	gòngxiǎng	共享	shared	partagé
17	gāng	刚	just	juste
18	shǐyòng	使用	use	utiliser
19	xiān	先	at first	d'abord
20	shǒujī	手机	mobile phone	portable
21	dǎkāi	打开	turn on	mettre en marche
22	Zhīfùbǎo	支付宝	Alipay	Alipay
23	sǎomiáo	扫描	scan	scanner
24	qǔ	取	take	prendre
25	fāngbiàn	方便	convenient	pratique

（二）课文

麦　克：请问，这是农机学院吗？

罗　力：这不是农机学院，这是文学院。

麦　克：请问，农机学院离这儿远吗？

罗　力：不太远，一直往前走，在第三个路口向左拐，有一座白色的大楼，那就是农机学院。

麦　克：谢谢！

罗　力：你可以骑"共享单车"去那儿。

麦　克：我刚来中国，还不会使用"共享单车"。

罗　力：没关系，来，现在我们就来试试。你有支付宝吗？

麦　克：我有。等我打开。

罗　力：先用手机打开支付宝，扫描自行车上的那个二维码，点击确认打开车锁后，就可以取车了。

麦　克：哦，这么方便。谢谢您！

罗　力：不客气！

课文 2 请问，那是拖拉机吗?

(一) 词语

1	shíyànshì	实验室	laboratory	laboratoire
2	cānguān	参观	visit	visiter
3	jiāoliú	交流	communicate	communiquer
4	jīxiè	机械	machinery	machinerie
5	shèbèi	设备	equipment	équipement
6	tuōlājī	拖拉机	tractor	tracteur
7	zhǒng	种	type	genre
8	bǐjiào	比较	relatively	relativement
9	fùzá	复杂	complex	complexe
10	jīqì	机器	machine	machine
11	xíng	型	type	type
12	dàxiǎo	大小	size	taille
13	gè	各	each	chaque
14	xiāngtóng	相同	same	pareil
15	fādòngjī	发动机	engine	moteur
16	dǐpán	底盘	chassis	châssis
17	diànqì	电器	electrical appliances	appareils électriques
18	bùfen	部分	part	partie
19	zǔchéng	组成	compose	composer
20	shìshi	试试	try	essayer
21	jiàshǐ	驾驶	drive	conduire
22	yuèdú	阅读	read	lire
23	ānquán	安全	security	sécurité
24	cāozuò	操作	operate	opérer
25	shuōmíng	说明	illustration	illustration
26	fāngshì	方式	way	façon

（二）课文

赵　钢：麦克，欢迎你！今天是你第一次来实验室学习。

麦　克：赵老师好！谢谢您！

赵　钢：你可以先参观一下，再跟同学们交流。

麦　克：好的，我先看看这儿有哪些机械和设备。

麦　克：赵老师，请问，那是拖拉机吗？

赵　钢：对，这是拖拉机。拖拉机是一种比较复杂的机器，它们的机型和大小各不相同，但它们都是由发动机、底盘和电器设备三大部分组成的。

麦　克：谢谢您！这是我第一次看到这样的拖拉机。请问赵老师，我什么时候可以驾驶拖拉机？

赵　钢：你先阅读一下安全驾驶操作说明，再跟叶明明了解一下拖拉机的驾驶方式，然后你试试是不是可以驾驶。

麦　克：好的。

课文 3　赵教授在农机学院工作

（一）词语

1	jiàoshòu	教授	professor	professeur
2	gōngzuò	工作	work	travailler
3	gōnggòng qìchē	公共汽车	bus	bus
4	xūyào	需要	need	avoir besoin
5	xiàoyuán	校园	campus	campus
6	yǒu shíjiān	有时间	have time	avoir du temps
7	bùxíng	步行	walk	marcher
8	jǐnzhāng	紧张	tight	stressé，e
9	huòzhě	或者	or	ou
10	túshūguǎn	图书馆	library	bibliothèque
11	fēn(zhōng)	分（钟）	minute	minute
12	bàngōngshì	办公室	office	bureau
13	fángjiān	房间	room	pièce

14	xī	西	west	ouest
15	~biānr	~边儿	side	côté
16	zhìnéng	智能	intelligent	intelligent，e
17	zhuāngbèi	装备	equipment	équipment
18	gōngchéng	工程	project	projet
19	yígòng	一共	altogether	ensemble
20	bóshìshēng	博士生	doctor	doctorant
21	nán	南	south	sud
22	shítáng	食堂	canteen	cantine
23	yībiān	一边	on the one hand	d'un côté
24	wǔcān	午餐	lunch	déjeuner
25	jiāoliú	交流	communicate	communiquer
26	zūnjìng	尊敬	respect	respectuer

（二）课文

　　赵钢教授在江苏大学农机学院工作。他的家离学校不太远，他每天都坐公共汽车去上班，大概 20 分钟就可以到学校了。在校园里，有时候赵钢教授喜欢步行，有时候时间紧张的话就骑"共享单车"，或者乘坐校园巴士。总之，他觉得都很方便。

　　从学校正大门进去，一直往前走，可以看到广场南边儿有一座漂亮的图书馆。图书馆的西边儿就是农机学院的大楼。赵钢教授的办公室在农机学院208室。赵钢教授的研究方向是农业智能装备工程。他的研究团队一共有六名学生，其中，博士生三人，硕士生三人。他常常跟他的学生在农机学院南边儿的学生食堂里一边吃午餐，一边交流。赵钢教授的学生都很尊敬他。

二、语言点

　　1. 动词"离"

　　动词"离"在使用中表示处所、时间的距离。例如：

　　（1）农机学院离这儿不远。

　　（2）埃塞俄比亚离中国很远。

　　（3）离爸爸的生日还有三天。

2. 语气副词"还"

语气副词"还"在使用中表示动作或者状态的延续。例如：

（1）我刚来中国，还不太会说汉语。

（2）他还在睡觉。

（3）赵教授还没来办公室。

3. 动词"往"

动词"往"表示动作的方向，它通常与表示方位、处所的词语搭配，如"前、后、东、南、西、北、上边儿、右边儿、屋子里、教学楼、北京"等。例如：

（1）一直往前走，再往左拐。

（2）罗力往南走了两公里。

（3）在第二个路口往右走 500 米就是图书馆。

4. 句型"先……，再……，然后……"

"先……，再……，然后……"在使用中表示动作的先后顺序。例如：

（1）回家以后，我先洗澡，再做作业，然后吃饭。

（2）赵教授先和学生吃饭，再去办公室工作，然后召开团队会议。

5. 句型"有时候……，有时候……"

"有时候……，有时候……"是一种列举不确定时间内行为状态交替出现的常用句式。例如：

（1）有时候赵钢教授喜欢步行，有时候时间紧张的话就骑"共享单车"，或者乘坐校园巴士。

（2）我有时候去看电影，有时候去听音乐。

6. 句型"一边……，一边……"

"一边……，一边……"在使用中表示动作同时进行。例如：

（1）他们一边吃饭，一边交流拖拉机的驾驶方式。

（2）麦克一边往图书馆走，一边跟叶明明学说汉语。

三、词语练习

1. 依据课文填空

① 麦克要去农机_____，那儿_____文学院不远。从文学院_____往前走，在第三个路口左_____，看到一座白色的大楼，那就是农机学院。罗力告诉麦克，可以骑"_____单车"，先用手机打开_____，再_____二维码，

然后就可以骑车了。

② 今天是麦克第一次来_____学习，赵教授让麦克先_____一下实验室的机械和_____，再跟同学们_____。麦克对_____很有兴趣，赵教授告诉他，拖拉机是一种比较_____的机器，它们的_____和大小各不相同，但它们都是由发动机、底盘和_____三大部分组成的。驾驶拖拉机前应该先_____一下安全驾驶操作_____，再学习一下驾驶_____。

③ 赵钢教授的家_____学校不太_____，他每天都_____公共汽车_____上班，大概20分钟_____就可以到学校了。在校园里，有时候赵钢教授_____步行，有时候时间紧张的话_____骑"共享单车"，或者_____坐校园巴士。总之，他觉_____都很方便。

2. 看拼音写词语

gòngxiǎng	shǐyòng	xiān	shǒujī
_____	_____	_____	_____
dǎkāi	Zhīfùbǎo	sǎomiáo	fāngbiàn
_____	_____	_____	_____
fādòngjī	dǐpán	diànqì	bùfen
_____	_____	_____	_____
zǔchéng	shìshi	jiàshǐ	yuèdú
_____	_____	_____	_____
ānquán	cāozuò	zhìnéng	zhuāngbèi
_____	_____	_____	_____

◦四、课堂表述与讨论

1. 请根据你所在大学的校园地图（例如图 2-1 所示江苏大学），说一说怎样从学校大门到图书馆、留学生餐厅和留学生宿舍。

江苏大学地图

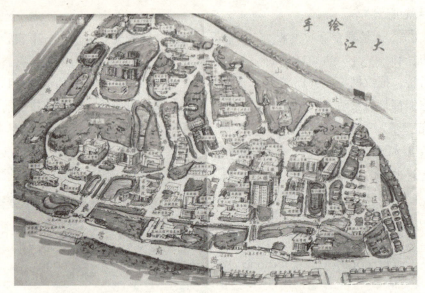

图 2-1

2. 请观看你所在大学的视频介绍，结合校园地图，说一说如教学楼（逸夫楼）、花园、图书馆在校园的什么位置、周围有哪些建筑物。

五、拓展练习

北京的"五环"和"十六区"

北京城四四方方。最繁华的是东边儿，东二环是建国门、王府井一带。往外是东三环，有著名的国贸和中央电视台。再往外就是东四环，是华贸商业区。再往外就是东五环了，这里有四惠交通枢纽，还有很多文化产业园区。

北京共有 16 个区。东城区在城市发展中的作用不言而喻，各大中央部委、政府单位都在这里聚集。西城区的风景名胜众多，著名的景点有月坛公园、历代帝王陵、恭王府花园等。海淀区学府林立，清华大学、北京大学、中国人民大学都在这儿；这里还汇聚了著名的企业，例如新浪、搜狐、腾讯等。此外，北京还有朝阳区、丰台区、石景山区、顺义区、通州区、大兴区、房山区、门头沟区、昌平区、平谷区、密云区、怀柔区和延庆区，它们各有特色、各有魅力。

补充词语

1	sìsìfāngfāng	四四方方	boxy	carré, e
2	fánhuá	繁华	bustling	animé, e
3	huán	环	ring	cercle
4	Jiànguómén	建国门	a place name	nom d'un lieu
5	Wángfǔjǐng	王府井	a place name	nom d'un lieu
6	yídài	一带	area	région
7	Guómào	国贸	a place name	nom d'un lieu
8	Zhōngyāng diànshìtái	中央电视台	China Central Television	China Central Television
9	Huámào	华贸	a place name	nom d'un lieu
10	shāngyèqū	商业区	commercial district	quartier commercial
11	Sìhuì	四惠	a metro station name	nom d'une station de métro
12	shūniǔ	枢纽	hub	centre
13	yuánqū	园区	park	parc
14	bùyán'éryù	不言而喻	it goes without saying	il va sans dire
15	zhōngyāng	中央	central	central, e
16	bùwěi	部委	ministries	ministères
17	zhèngfǔ	政府	government	gouvernement
18	dānwèi	单位	unit	unité
19	jùjí	聚集	gather	se rassembler
20	míngshèng	名胜	scenic spot	scène touristque
21	zhòngduō	众多	numerous	nombreux, se
22	jǐngdiǎn	景点	attraction	attraction
23	Yuètán gōngyuán	月坛公园	a park name	nom d'un parc
24	lìdài dìwáng líng	历代帝王陵	temple of emperors of the past dynasties	temple des emperears des dynasties passées

25	Gōngwángfǔ huāyuán	恭王府花园	a park name	nom d'un parc
26	Hǎidiàn qū	海淀区	a district name	nom d'un district
27	xuéfǔ	学府	school	école
28	línlì	林立	stand in great numbers	se tenir en grand nombre
29	Qīnghuá dàxué	清华大学	Tsinghua University	Université de Tsinghua
30	Běijīng dàxué	北京大学	Peking University	Université de Pékin
31	Zhōngguó rénmín dàxué	中国人民大学	Renmin University of China	Université Renmin de Chine
32	huìjù	汇聚	converge	converger
33	qǐyè	企业	company	entreprise
34	Xīnlàng	新浪	Sina	Sina
35	Sōuhú	搜狐	Sohu	Sohu
36	Téngxùn	腾讯	Tencent	Tencent
37	Cháoyáng qū	朝阳区	a district name	nom d'un district
38	Fēngtái qū	丰台区	a district name	nom d'un district
39	Shíjǐngshān qū	石景山区	a district name	nom d'un district
40	Shùnyì qū	顺义区	a district name	nom d'un district
41	Tōngzhōu qū	通州区	a district name	nom d'un district
42	Dàxīng qū	大兴区	a district name	nom d'un district
43	Fángshān qū	房山区	a district name	nom d'un district
44	Méntóugōu qū	门头沟区	a district name	nom d'un district
45	Chāngpíng qū	昌平区	a district name	nom d'un district
46	Pínggǔ qū	平谷区	a district name	nom d'un district
47	Mìyún qū	密云区	a district name	nom d'un district
48	Huáiróu qū	怀柔区	a district name	nom d'un district
49	Yánqìng qū	延庆区	a district name	nom d'un district
50	mèilì	魅力	charm	charme

课后练习

1. 复习短文生词，熟记读音并书写生词。

2. 请说一说自己家乡四周的环境。

六、对话仿说

1. 请用"先……，再……，然后……"的句式，说一说从宿舍去你的学院、图书馆和食堂，怎么走方便。

2. 请说说你和你的同学周末一起做了哪些事情。

七、阅读拓展

江苏大学农业工程学院

江苏大学是在原镇江农业机械学院的基础上发展起来的一所以工科为特色、多学科协调发展的综合性大学。江苏大学在 2005 年 3 月成立了农业工程研究院；2020 年 5 月，正式成立农业工程学院。农业工程学院下设五个研究院：设施农业工程与信息技术研究院、收获装备研究院、田间管理装备研究院、智能农业研究院、经济作物机械化研究院。

江苏大学的农业工程学院设有农业机械化及其自动化、设施农业科学与工程、农业智能装备工程三个本科专业，实力雄厚。农业机械设计与制造学科在 1981 年获批博士点，为中国农机事业培养了第一届本科生和硕士生，以及第一位博士生。

（节选自江苏大学农业工程学院网页，有删改）

补充词语

1	suǒ	所	a quantifier	un quantificateur
2	gōngkē	工科	engineering	ingénierie
3	tèsè	特色	feature	caractéristique
4	zōnghé	综合	comprehensive	composé，e
5	dàxué	大学	university	université
6	chénglì	成立	found	établir
7	gōngchéng	工程	project	projet
8	shè	设	establish	mettre en place
9	yánjiūyuàn	研究院	research institute	institut de recherche
10	shèshī	设施	facility	facilité
11	jìshù	技术	technology	technologie
12	tiánjiān	田间	in the field	au champ
13	guǎnlǐ	管理	management	getion
14	jīngjì	经济	economy	économie
15	shílì	实力	strength	puissance
16	xiónghòu	雄厚	strong	fort，e
17	shèjì	设计	design	conception
18	zhìzào	制造	manufacture	fabrication
19	xuékē	学科	subject	discipline
20	huòpī	获批	approved	approuvé
21	diǎn	点	point	point
22	shìyè	事业	cause	cause
23	péiyǎng	培养	cultivate	fomer
24	jiè	届	batch	promotion

课后练习

1. 复习短文生词，熟记读音并书写生词。

2. 说一说你目前就读的学院有哪些专业，详细介绍其中一个专业。

八、课后仿说

1. 请设计一条"校园游览路线"（应清楚说明路线和方位）。

2. 请仿照《北京的"五环"和"十六区"》介绍你家乡所在的城市。

第三课

我喜欢运动

 本课问题导向

1. 你喜欢运动吗？喜欢哪种运动？
2. 你觉得身体健康包括哪几个方面？
3. 你的动手能力怎么样？

第三课

一、课文

课文 1　我喜欢运动，你呢？

（一）词语

1	hēi	嗨	hi	salut
2	qiǎo	巧	coincidence	hasard
3	jìde	记得	remember	se souvenir
4	~guo	~过	to indicate the completion of the action	pour indiquer la fin de l'action
5	jiāo	教	teach	enseigner
6	lánqiú	篮球	basketball	basket
7	xǐhuan	喜欢	like	aimer
8	yùndòng	运动	sport	sport
9	zuì	最	the most	le plus
10	xiàkè	下课	after class	après les cours
11	chǎng	场	field	champ
12	qìchē	汽车	car	voiture

13	jiāotōng	交通	transportation	trafic
14	niánjí	年级	grade	année
15	Kěnníyà	肯尼亚	Kenya	Kenya
16	diǎn	点	hour	heure
17	bàn	半	half	demi
18	chá	查	check	réviser
19	zīliào	资料	document	document
20	děng	等	wait	attendre
21	fēn	分	minute	minute
22	yīyán-wéidìng	一言为定	I give you my word	Je vous donne ma parole

（二）课文

麦　克：嗨，真巧，你也在这里！你还记得我吗？

罗　力：当然记得！上个星期我们见过面，我还教过你骑"共享单车"。你也来打篮球吗？

麦　克：对，我喜欢运动，最喜欢打篮球。你呢？

罗　力：我也是，我每天下午下了课就来篮球场打篮球。

麦　克：你是哪个学院的学生？

罗　力：我是汽车与交通工程学院二年级的学生，我叫罗力，是肯尼亚人。你是农机学院的学生，对不对？

麦　克：你还记得！我叫麦克，是埃塞俄比亚人。真巧啊，肯尼亚就在埃塞俄比亚的南边儿。很高兴认识你！明天下午四点半，我们一起打篮球，怎么样？

罗　力：好啊，明天上午我有专业课，下了课我先去食堂吃饭，再去图书馆查资料，然后在篮球场等你。

麦　克：我明天下午在实验室学习驾驶拖拉机，四点十五分下课，我下了课就来这儿找你。

罗　力：一言为定。

课文 2　我喜欢在实验室学习

（一）词语

1	zhèngzài	正在	be doing	en train de
2	yánjiū	研究	research	recherche
3	tái	台	a quantifier	un quantificateur
4	yánzhì	研制	develop	développer
5	néngyuán	能源	energy	énergie
6	shǒuxiān	首先	at first	d'abord
7	chíxù	持续	last	durer
8	qícì	其次	then	puis
9	shíxiàn	实现	achieve	réaliser
10	wú	无	non-	sans
11	zàoyīn	噪音	noise	bruit
12	nàiyòng	耐用	durable	durable
13	wéixiū	维修	repair	réparer
14	zhāshi	扎实	solid	solide
15	jūn	君	gentleman	monsieur
16	xí	席	a quantifier	un quantificateur
17	shèng	胜	be superior	être supérieur, e
18	zhǔnbèi	准备	prepare	préparer
19	zhèng	证	certificate	certificat
20	liǎobùqǐ	了不起	amazing	étonnant, e
21	yuèláiyuè…	越来越……	more and more	de plus en plus
22	jìxù	继续	continue	continuer
23	nǔlì	努力	strive	s'efforcer
24	hùxiāng	互相	each other	l'un l'autre
25	bāngzhù	帮助	help	aider

（二）课文

叶明明：麦克，都晚上九点了，你怎么还在实验室？

麦　克：我喜欢在实验室学习，我正在研究这台拖拉机呢。

叶明明：我来看看。这台拖拉机是清华大学研制生产的。它不但是一种智能拖拉机，而且是一种新能源农业拖拉机。

麦　克：它有什么优点呢？

叶明明：首先，这台拖拉机能持续工作4个小时。其次，它可以实现无人驾驶。然后，它的噪音很小。最后，这台拖拉机非常耐用，维修也很简单。

麦　克：你的专业知识真扎实啊！"听君一席话，胜读十年书。"

叶明明：我正在准备拖拉机驾驶证的考试，所以查了很多资料。你也很了不起，你的汉语越来越地道了！

麦　克：哪里哪里，我还要继续努力呢。我也想考拖拉机驾驶证呢，有时间就跟你学习。

叶明明：你客气了。咱们一起努力学习，互相帮助。

课文3　麦克的爱好

（一）词语

1	àihào	爱好	hobby	loisir
2	dòngshǒu	动手	use hands	avec les mains
3	xiūlǐ	修理	repair	réparer
4	shénmede	什么的	etc.	etc
5	…de shíhou	……的时候	when	quand
6	yánjiū	研究	research	recherche
7	duì	对	to introduce the subject of the action	pour introduire l'objet de l'action
8	xīwàng	希望	hope	espérer
9	jiéhé	结合	combine	combiner
10	gèng	更	more	plus
11	jīchǔ	基础	basic	de base

12	qǐngjiào	请教	consult	consulter
13	nàixīn	耐心	patiently	patiemment
14	jiǎngjiě	讲解	explain	expliquer
15	yuánlǐ	原理	principle	principe
16	zǔzhuāng	组装	assemble	assembler
17	liángshī-yìyǒu	良师益友	mentor and friend	mentor et ami

（二）课文

麦克最喜欢在实验室学习，他的爱好是动手组装、修理什么的。

麦克在埃塞俄比亚的时候，主要研究节水灌溉。来到江苏大学以后，他对拖拉机研究也越来越有兴趣。他希望结合拖拉机研究和灌溉研究，更好地实现埃塞俄比亚的农业机械化及其自动化。

麦克在埃塞俄比亚只学过拖拉机的基础知识，所以他常常向叶明明请教。叶明明不但耐心地给麦克讲解拖拉机的工作原理，而且常常跟麦克一起动手组装零件或修理拖拉机。麦克说叶明明是他的"良师益友"。

二、语言点

1. "V.+过"

动态助词"过"表示动作曾经发生，但没有持续到现在。强调过去的某种经历。例如：

（1）赵教授教过麦克驾驶拖拉机。

（2）我去过江苏大学。

（3）麦克学习过拖拉机的工作原理。

2. 句型 "V.1 了……就 V.2……"

"V.1 了……就 V.2……"在使用中表示两个动作连续发生，后面的动作紧接着前面的动作。例如：

（1）我下了课就去图书馆查资料。

（2）妈妈起了床就做早饭。

3. "越来越……"

"越来越……"用来比较人或事物的数量或程度随着时间的推移而不断发展或变化，是对同一事物不同时期或不同条件的比较。例如：

（1）麦克的汉语越来越流利。

（2）赵钢教授跟学生的交流越来越多。

（3）麦克和罗力的关系越来越好。

4. 句型"正在……（呢）/正……（呢）/在……（呢）"

"正在……（呢）/正……（呢）/在……（呢）"在使用中表示动作正在进行。例如：

（1）罗力正在打篮球呢。

（2）叶明明正睡觉呢。

（3）研究团队在讨论呢。

5. 句型"首先……，其次……，然后……，最后……"

"首先……，其次……，然后（再其次）……，最后……"在使用中表示逻辑顺序。也可以换用"第一……，第二……，第三……，第四……"来表示逻辑顺序。例如：

（1）第一，你应该学好汉语；第二，你应该多了解中国文化。

（2）赵教授告诉学生们，首先要对学习充满热情，其次是要找到适合自己的学习方法，然后要多和老师、同学们交流，最后是要对自己有信心。

·三、词语练习

1. 依据课文填空

① 麦克是＿＿＿＿＿＿人，罗力是＿＿＿＿＿＿人。他们虽然来自不同的国家，但是都＿＿＿＿＿打篮球。罗力每天下午＿＿＿＿了课＿＿＿＿来操场打篮球。明天下午四点半，麦克想和罗力一起打篮球。罗力告诉麦克，明天上午他有＿＿＿＿课，下了课他＿＿＿＿去食堂吃饭，再去图书馆查＿＿＿＿＿，然后在篮球场＿＿＿＿麦克。

② 麦克晚上九点还在＿＿＿＿＿＿学习，他＿＿＿＿研究一台拖拉机。叶明明告诉麦克，这台拖拉机是清华大学＿＿＿＿生产的。它不但是一种＿＿＿＿拖拉机，而且是一种新＿＿＿＿农业拖拉机。这台拖拉机有很多优点：它能＿＿＿＿工作 4 个小时；它可以＿＿＿＿无人驾驶；它的＿＿＿＿很小；它＿＿＿＿，维修也很＿＿＿＿。

③ 麦克的＿＿＿＿是动手组装、修理＿＿＿＿的。以前，麦克主要研究节水＿＿＿＿。现在，他对拖拉机研究也＿＿＿＿来＿＿＿＿有兴趣。麦克只学过拖拉机的基础知识，所以他常常向叶明明＿＿＿＿。叶明明不但＿＿＿＿地给麦克＿＿＿＿＿＿＿＿拖拉机的工作原理，而且常常跟麦克一起动手＿＿＿＿零件或修理拖

拉机。所以，叶明明是麦克的"_____"。

2. 看拼音写词语

qìchē	jiāotōng	niánjí	yìyán-wéidìng
_____	_____	_____	_____
yánzhì	néngyuán	shǒuxiān	chíxù
_____	_____	_____	_____
qícì	shíxiàn	jìxù	nǔlì
_____	_____	_____	_____
hùxiāng	bāngzhù	nàixīn	jiǎngjiě
_____	_____	_____	_____
yuánlǐ	zǔzhuāng	xiūlǐ	liángshī-yìyǒu
_____	_____	_____	_____

四、课堂表述与讨论

1. 两人一组，互相问答，说一说自己的作息时间，包括学习、运动、吃饭、休息等方面。

2. 你理解"良师益友"这个词语的意思吗？请介绍一位你的"良师益友"。

五、拓展练习

"听君一席话，胜读十年书"

很久以前，有个穷秀才去京城赶考。这一天，天已经黑了，他还没有找到住的地方，非常着急。这时，一个屠夫邀请他到自己家里去住。屠夫与秀才谈得很投机，于是屠夫随口问秀才："先生，万物都有雌雄，那么，大海里的水哪是雌，哪是雄？高山上的树木哪是公，哪是母？"秀才不知道怎么回答，只好向屠夫请教。屠夫说："海水有波有浪，波为雌，浪为雄，因为雄的总是强壮些。"秀才听了连连点头，又问："那公树、母树呢？"屠夫说："公树就是松树，'松'字里不是有个"公"字吗？梅花树是母树，因为'梅'字里有个'母'字。"秀才恍然大悟。

秀才到了京城后，进了考场，真巧，皇上出的题正是屠夫问他的问题。其他秀才看着题目不知道怎么回答，只有这个秀才不假思索，一挥而就。最后，这个秀才中了状元。他回到屠夫家，送上厚礼，还亲笔写了一块匾送给屠夫，上面是"听君一席话，胜读十年书"。

补充词语

1	qióng	穷	poor	pauvre
2	xiùcai	秀才	savant	scholar
3	jīngchéng	京城	capital	capitale
4	gǎnkǎo	赶考	go for the exam	aller à l'examen
5	túfū	屠夫	butcher	boucher
6	yāoqǐng	邀请	invite	inviter
7	tóujī	投机	congenial	agréable
8	suíkǒu	随口	casually	mine de rien
9	xióng	雄	male	masculin
10	cí	雌	female	femelle
11	dàhǎi	大海	sea	mer
12	shùmù	树木	tree	arbre
13	gōng	公	male	masculin
14	mǔ	母	female	femelle
15	huídá	回答	reply	répondre
16	bō	波	wave	vague
17	làng	浪	big wave	grosse vague
18	qiángzhuàng	强壮	strong	fort, e
19	sōng (shù)	松（树）	pin	pine
20	méihuā	梅花	plum bossom	fleur de prunier
21	huǎngrán-dàwù	恍然大悟	suddenly realize	réaliser soudainement
22	kǎochǎng	考场	examination room	salle d'examen

23	tí (mù)	题 (目)	subject	topic
24	bùjiǎ-sīsuǒ	不假思索	without thinking	sans réfléchir
25	yīhuī'érjiù	一挥而就	in a flash	en un éclair
26	zhòng	中	hit the mark	atteindre le but
27	zhuàngyuan	状元	number one scholar	champion
28	hòulǐ	厚礼	generous gift	cadeau généreux
29	qīnbǐ	亲笔	autograph	manuscript
30	biǎn	匾	board with an inscription	planche avec une inscription

课后练习

1. 复习短文生词，熟记读音并书写生词。

2. 请用汉语说一说你知道的"听君一席话，胜读十年书"的故事。

六、对话仿说

1. 两人一组，模仿课文 1，谈谈自己最喜欢的运动。

2. 请说说你知道的一个有趣的故事。

七、阅读拓展

"踏上'汉语桥'，开启中国农机文化体验之旅"

2022 年 1 月，教育部中外语言交流合作中心主办、江苏大学语言文化中心承办的"踏上'汉语桥'，开启中国农机文化体验之旅"项目顺利开展。学员们通过云端直播授课、云端讲座、云端竞赛、云端问答，完成了主题汉语、农机汉语、中国农业诗词赏析和中国现代化农业与农机的学习。

来自印度的 Rana Kshitij Surinder 用了五个"amazing"总结了他的感受，他说，这个项目的课程生动、形象、有趣。来自肯尼亚的 Julia 用中文写道："中文里有一句话叫'民以食为天'，我们都需要把农业放在第一位。"

（节选自 2022 年江苏大学语言文化中心网站，作者田海虹，有删改）

补充词语

1	tà	踏	step on	marcher sur
2	qiáo	桥	bridge	pont
3	kāiqǐ	开启	start	commencer
4	tǐyàn	体验	experience	expérience
5	zhī	之	of	de
6	lǚ	旅	journey	voyage
7	jiàoyù bù	教育部	Ministry of Education	Ministère de l'Éducation
8	zhōngwài	中外	Chinese and foreign	chinois et étranger
9	jiāoliú	交流	communication	échange
10	hézuò	合作	collaboration	collaboration
11	chéngbàn	承办	undertake	entreprendre
12	xiàngmù	项目	project	projet
13	yúnduān	云端	online	en ligne
14	zhíbō	直播	live	diffusion en direct
15	shòukè	授课	teach	enseigner

16	jiǎngzuò	讲座	lecture	lecture
17	jìngsài	竞赛	competition	compétition
18	zhǔtí	主题	subject	sujet
19	shīcí	诗词	poetry	poésie
20	shǎngxī	赏析	appreciation	appréciation
21	Yìndù	印度	India	Inde
22	zǒngjié	总结	summarize	résumer
23	gǎnshòu	感受	feeling	sentiment
24	kèchéng	课程	course	cours
25	shēngdòng	生动	vivid	vif, ve
26	xíngxiàng	形象	image	image
27	yǒuqù	有趣	interesting	intéressant, e
28	mín yǐ shí wéi tiān	民以食为天	people take food as their lord	les gens prennent la nourriture comme leur Dieu
29	xūyào	需要	need	avoir besoin
30	wèi	位	place	place

课后练习

1. 复习短文生词，熟记读音并书写生词。

2. 浏览江苏大学语言文化中心的网站，了解"踏上'汉语桥'，开启中国农机文化体验之旅"项目，并说一说自己希望参加什么样的"汉语桥"项目。

八、课后仿说

1. 详细介绍自己的爱好。

2. 说一说自己对"听君一席话，胜读十年书"的理解。

第四课

你打算做什么工作？

 本课问题导向

1. 你心目中的理想工作是什么？
2. 你做过哪些工作？
3. 你有没有独自做国际贸易的经历？

第四课

一、课文

课文 1 大学毕业后你打算做什么工作？

（一）词语

1	Dàzhòng qìchē jítuán	大众汽车集团	Volkswagen Group	Groupe Volkswagen
2	shíxí	实习	practice	faire le stage
3	zhùhè	祝贺	congratulate	féliciter
4	shìjiè	世界	world	monde
5	hángyè	行业	industry	industrie
6	jù	具	have	avoir
7	shílì	实力	strength	force
8	kuàguó	跨国	transnational	transnational, e
9	gōngsī	公司	company	compagnie
10	zhī yī	之一	one of	un, e de
11	tóu	投	send	envoyer
12	jiǎnlì	简历	resume	CV
13	tǒngyī	统一	unify	unifier

14	ānpái	安排	arrange	organiser
15	qiáng	强	powerful	puissant, e
16	qǐyè	企业	enterprise	entreprise
17	Yuēhàndíěr nóngjī	约翰迪尔农机	John Deere Farm Machinery	Machines Agricoles John Deere
18	Wòdé nóngjī	沃得农机	World Agricultural Machinery	Machines Agricoles de World
19	Dōngfēng nóngjī	东风农机	Dongfeng Agricultural Machinery	Machines Agricoles Dongfeng
20	xiānjìn	先进	advanced	avancé, e
21	shēngchǎn	生产	production	production
22	màoyì	贸易	trading	commerce
23	jīngyàn	经验	experience	expérience
24	xīnyí	心仪	favorite	favori
25	hézuò	合作	cooperation	coopération
26	bìyè	毕业	graduate	terminer ses études
27	bǎ	把	to indicate the object	pour indiquer l'objet
28	jìshù	技术	technology	technologie
29	dàihuí	带回	bring back	ramener
30	jìhuà	计划	plan	planifier
31	jīngyíng	经营	manage	gérer
32	nánguài	难怪	no wonder	pas étonnant
33	qínfèn	勤奋	diligent	diligent, e
34	zhù	祝	wish	souhaiter
35	chénggōng	成功	succeed	réussir

（二）课文

罗　力：下个学期我要去大众汽车集团实习了。

麦　克：祝贺你！我听说大众汽车集团是世界汽车行业中极具实力的跨国公司之一。你是自己投的简历吗？

罗　力：不是，是学院统一安排的。明年你也要去实习了吧？

麦　克：是的。我最希望进入中国50强的农机企业实习，比如，约翰迪尔农机、沃得农机、东风农机等等。

罗　力：那样的话，你就可以先学习先进的农机生产和贸易经验，再到心仪的农机公司工作。

麦　克：是的，你说得太对了！埃塞俄比亚和中国在农机方面有很多合作。毕业后，我想把中国最先进的农机技术带回埃塞俄比亚，我也计划在埃塞俄比亚经营一家农机公司。

罗　力：难怪你这么勤奋，祝你成功！

麦　克：谢谢你的鼓励！

课文2　我想做农机贸易

（一）词语

1	wèishénme	为什么	why	pourquoi
2	jiè	借	borrow	emprunter
3	màoyì	贸易	trading	commerce
4	zìxué	自学	self-study	auto-apprentissage
5	zhìtóng-dàohé	志同道合	like-minded	aux vues similaires
6	qíshí	其实	in fact	en fait
7	jiànyì	建议	suggest	suggérer
8	cóngshì	从事	engage in	s'engager dans
9	fāhuī	发挥	exert	exercer
10	tècháng	特长	specialty	spécialité
11	zhuǎnhuà	转化	convert	convertir
12	cáifù	财富	wealth	richesse
13	chúle	除了	apart from	en dehors de
14	jiānchí	坚持	persist in	persister à
15	yìkǒu	一口	one bite	une bouchée
16	liúlì	流利	fluent	courant, e

（二）课文

麦　克：明明，你为什么借这么多贸易方面的书？

叶明明：我最近正在自学国际贸易知识呢。毕业后，我想做农机贸易。

麦　克：哦？真的吗？那我们俩真是志同道合！

叶明明：真巧！其实，是赵教授建议我从事农机贸易的，他认为这样可以发挥我们的专业特长。

麦　克：不错，从事农机贸易可以把我们的专业知识转化为财富。

叶明明：除了学好专业知识，我还建议你坚持学习汉语。如果你想跟中国的农机公司合作，就一定要能说一口流利的汉语！

麦　克：好！我们一起努力！

课文 3　经营种子培育公司

（一）词语

1	Zhōngguó zhǒngzi jítuán yǒuxiàn gōngsī	中国种子集团有限公司	China National Seed Group Co., Ltd.	Group do Semences de China Co., SA.
2	dānrèn	担任	assume the office of	assumer le poste de
3	jīnglǐ	经理	manager	gestionnaire
4	jí	集	gather	rassembler
5	kēyán	科研	scientific research	recherche scientifique
6	shēngchǎn	生产	production	production
7	jiāgōng	加工	processing	traitement
8	yíngxiāo	营销	marketing	commercialisation
9	fúwù	服务	service	service
10	yìtǐ	一体	altogether	tout ensemble
11	dàxíng	大型	large-scale	grande échelle
12	zhǒngyè	种业	seed industry	industrie des semences
13	jítuán	集团	group	groupe
14	kāi	开	open	ouvrir
15	péiyù	培育	cultivate	cultiver
16	jīlěi	积累	accumulate	accumuler

17	pài	派	send	envoyer
18	yòngchǎng	用场	use	utilisation
19	nóngzuòwù	农作物	crop	recadrer
20	jīngyíng	经营	operate	fonctionner
21	yōuliáng	优良	excellent	excellent
22	pǐnzhǒng	品种	variety	variété
23	xuǎnyù	选育	breeding	reproduction
24	kāifā	开发	develop	développer
25	yèwù	业务	entreprise	entreprise
26	kāizhǎn	开展	carry out	mener
27	jīxiè	机械	machinery	machinerie
28	shèbèi	设备	equipment	équipement
29	yāoqǐng	邀请	invite	inviter
30	rènwéi	认为	think	penser
31	yǐnjìn	引进	introduce	introduire
32	tígāo	提高	improve	améliorer
33	jìngzhēnglì	竞争力	competitiveness	compétitivité
34	lèyì	乐意	willing	avec plaisir
35	cānyù	参与	participate	participer

（二）课文

　　王先生是赵钢教授的朋友，他在中国种子集团有限公司担任经理已经十年了。中国种子集团有限公司是集科研、生产、加工、营销、技术服务于一体的大型种业集团。

　　最近，王先生计划自己开一家种子培育公司，把自己积累的工作经验派上用场。除了农作物种子经营、农作物优良品种的选育和开发这两个业务外，他还希望公司开展种子培育加工、机械设备的贸易。

　　王先生邀请赵教授的研究团队加入他的公司，开展科研方面的合作。王先生认为，引进专业的研究团队可以提高公司的竞争力。赵教授和他的学生们都很乐意发挥专业特长，参与王先生公司的业务。

二、语言点

1. 句型"是……的"

在表示已经知道事情发生的情况下,可以用"是……的"强调动作的发出者,否定形式是在"是"的前面加"不"。例如:

(1)这本书是叶明明借的。

(2)电话是谁打的?

(3)这次实习不是学院安排的。

2."把"字句

汉语中,表示对确定的人或确定的事物做出相应的处置,可以用"把"字句,其结构为"A 把 B. +V. +……"。这种"把"字句多用于对别人的请求、命令的情境中。注意:A 为动作的发出者;B 为动作涉及的对象,必须是特指或者已知的。例如:

(1)请把灯关了。

(2)我把实习的事儿忘了。

否定副词和能愿动词要放在"把"字的前面。例如:

(3)麦克没把实习计划告诉爸爸。

(4)我现在不能把电脑借给你。

汉语中,表示对确定的人或者事物做出相应的动作,使其发生位置上的改变,也多用"把"字句表达,其结构为"A 把 B. +V. +在/到/回+位置"。例如:

(5)老师把作业本放在桌子上了。

(6)麦克想把最先进的农机技术带回他的国家。

3. 关联词"除了……(外),还……"

"除了(外)……还……"在使用中表示的是递进关系。例如:

(1)麦克除了会说英语(外),还能说一口流利的汉语。

(2)除了农作物种子经营业务(外),这家公司还开展种子培育加工、机械设备的贸易。

(3)除了打篮球(外),麦克还喜欢游泳和跑步。

◦ 三、词语练习

1. 依据课文填空

① 罗力下个_____要去大众汽车集团_____了，他_____这个消息告诉了麦克。麦克也很高兴，因为大众汽车集团是世界汽车_____中极具实力的跨国公司_____。

② 明年，麦克希望进入中国 50 强的农机_____实习，比如，约翰迪尔农机、_____、东风农机等等。他希望_____中国最_____的农机技术带回埃塞俄比亚。

③ 赵教授建议叶明明毕业后做农机_____，因为这可以_____叶明明的专业_____。叶明明觉得这个建议很好，她_____了很多贸易_____的书，现在，她正在_____贸易知识。

④ 麦克跟叶明明一样，也想做农机_____。他觉得从事农机贸易可以把专业知识_____为财富。叶明明告诉麦克，如果想跟中国的农机公司_____，就一定要能说一_____流利的汉语。

⑤ 王先生以前在中国种子集团有限公司_____经理。最近，王先生_____自己开一家种子培育公司，把自己_____的经验派上_____。

⑥ 王先生公司_____开展农作物种子经营、农作物良种品种的选育和_____这两个业务，还希望开展种子培育加工、机械_____的贸易。

⑦ 王先生_____赵教授的研究_____加入他的公司，开展科研方面的_____，提高公司的_____。赵教授和他的学生们都很_____参与王先生公司的_____。

2. 看拼音写词语

shìjiè	hángyè	jù	shílì
_____	_____	_____	_____

kuàguó	gōngsī	tóu	jiǎnlì
_____	_____	_____	_____

tǒngyī	tècháng	zhuǎnhuà	cáifù
_____	_____	_____	_____

shēngchǎn	jiāgōng	yíngxiāo	fúwù
_____	_____	_____	_____

pǐnzhǒng	xuǎnyù	kāifā	shèbèi
_____	_____	_____	_____

四、课堂表述与讨论

1. 两人一组，互相问答，说一说自己毕业后想去哪个国家，从事哪个行业，进入什么公司（或者单位），从事什么职位的工作。

2. 你理解"志同道合"这个词语的意思吗？请举例说明谁和你是"志同道合"的人。

五、拓展练习

中国种子集团有限公司简介

中国种子集团有限公司（简称"中种集团"）经过三十余年的发展，已成为中国农业产业化的龙头企业。

2011年，中种集团先后荣获了大公国际企业信誉评级 AAAc 级和中国种子协会行业信用评级 AAA 级资质。2013年，中国种子协会授予中种集团中国种业信用明星企业资质；同年，中种集团注册资本达到 9.44 亿元，在国内种业企业中位居第一。

2007年6月，经国务院批准，中种集团并入中国中化集团公司。此后，中种集团迎来了更大的发展机遇。在主营业务上，中种集团努力推动中国种子产业升级，为农民提供最优质的种子和更周到的服务，成为最受信赖的种子企业，为保障国家粮食安全和农业安全发挥了"国家队"和主力军的作用。

补充词语

1	jiǎnjiè	简介	introduction	introduction
2	jiǎnchēng	简称	short name	nom court
3	jīngguò	经过	after	après
4	yú	余	more	plus
5	fāzhǎn	发展	development	développement

6	chéngwéi	成为	become	devenir
7	~huà	~化	-ization	-isation
8	lóngtóu	龙头	top	top
9	xiānhòu	先后	successively	successivement
10	rónghuò	荣获	win	gagner
11	guójì	国际	international	international, e
12	xìnyù	信誉	reputation	réputation
13	píngjí	评级	rating	évaluation
14	xiéhuì	协会	association	association
15	zīzhì	资质	qualification	qualification
16	shòuyǔ	授予	grant	accorder
17	zhǒngyè	种业	seed industry	industrie des semences
18	míngxīng	明星	star	star
19	tóngnián	同年	same year	la même année
20	zhùcè	注册	register	s'inscrire
21	zīběn	资本	capital	capitale
22	jū	居	be at	être
23	jīng	经	through	a travers
24	Guówùyuàn	国务院	State Department	Département d'État
25	pīzhǔn	批准	approve	approuver
26	bìng	并	merge	fusionner
27	Zhōnghuà jítuán gōngsī	中化集团公司	Sinochem Group Corporation	Société du Groupe Sinochem
28	yíng	迎	meet	rencontrer
29	jīyù	机遇	opportunity	opportunité
30	zhǔyíng	主营	mainly operate	fonctionner principalement
31	tuīdòng	推动	promote	promouvoir
32	shēngjí	升级	upgrade	mettre à jour
33	tígōng	提供	offer	offrir

34	yōuzhì	优质	high quality	haute qualité
35	zhōudào	周到	thoughtful	réfléchi, e
36	xìnlài	信赖	trust	croire
37	bǎozhàng	保障	assure	assurer
38	liángshi	粮食	food	aliments
39	ānquán	安全	safety	sécurité
40	zhǔlìjūn	主力军	main force	force principale

课后练习

1. 复习短文生词，熟记读音并书写生词。

2. 请用汉语介绍中国种子集团有限公司。

六、对话仿说

1. 两人一组，模仿课文 1，谈谈自己的实习计划。

2. 请谈谈自己以后的工作方向。

·七、阅读拓展

农业服务贸易：中国力争由贸易大国发展为贸易强国

农业服务贸易就是向国外提供或购买与农业相关服务的贸易形式。

中国是全球第二大农产品贸易国，但还不是农业贸易强国。通过农业服务贸易，可输出中国农业优势要素资源，提升中国农业竞争发展软实力。

从内部看，通过农业服务贸易，可以腾出更多要素资源用于服务创新驱动和高质量供给，促进国内产业提档升级。从外部看，高水平的对外开放，需要提供与国际市场需求贴合紧密的产品和服务。"一带一路"沿线国家既需要安全、适用、高效的农业投入品和农机装备，又需要与这些生产要素相配套的整体解决方案。这将为农业服务贸易走出去创造广阔空间，并更好地配合国家外交战略和对外开放政策。

补充词语 ⯆

1	fúwù	服务	service	service
2	lìzhēng	力争	strive	s'efforcer
3	nóngchǎnpǐn	农产品	agricultural products	production agricole
4	shūchū	输出	output	production
5	yōushì	优势	advantage	avantage
6	yàosù	要素	element	élément
7	zīyuán	资源	resource	ressource
8	tíshēng	提升	promote	améliorer
9	ruǎn shílì	软实力	soft power	douce puissance
10	nèibù	内部	interior	intérieur
11	téngchū	腾出	free up	libérer
12	chuàngxīn	创新	innovation	innovation
13	qūdòng	驱动	drive	conduire
14	cùjìn	促进	promote	promouvoir
15	tídàng	提档	raise the gear	monter la vitesse
16	shēngjí	升级	upgrade	mettre à niveau

17	wàibù	外部	exterior	extérieur
18	xūqiú	需求	need	besoin
19	tiēhé	贴合	fit	adapter
20	jǐnmì	紧密	close	proche
21	yídàiyílù	一带一路	The Belt and Road	une Ceinture une Route
22	yánxiàn	沿线	along the line	le long de la ligne
23	shìyòng	适用	applicable	applicable
24	gāoxiào	高效	efficient	efficace
25	tóurùpǐn	投入品	input	investissement
26	pèitào	配套	form a complete set	former un ensemble complet
27	fāng'àn	方案	plan	plan
28	chuàngzào	创造	create	créer
29	guǎngkuò	广阔	broad	vaste
30	pèihé	配合	cooperate	coopérer
31	zhànlüè	战略	strategy	stratégy

课后练习

1. 复习短文生词，熟记读音并书写生词。

2. 根据课文和自己查阅的资料，介绍一下国际农机贸易中会有哪些困难。

八、课后仿说

1. 请查阅资料，介绍你的国家和中国在农业方面的合作情况。

2. 假如你毕业后想从事国际贸易工作，你认为应该从哪些方面做准备？

基础知识

农业篇

第五课

马铃薯的故事

本课问题导向

1. 你知道哪些农产品的中文词汇？
2. 你的国家有哪些农产品？
3. 你的家乡以哪种农作物为主？

第五课

专业启动板块

一、词语

1	mǎlíngshǔ	马铃薯	potato	pomme de terre
2	zhòngzhí	种植	plant；planting	cultiver；culture
3	miànjī	面积	area	superficie
4	mǔ	亩（约667平方米）	a unit of area (about 0.0667 hectares)	unité de superficie (about 0.0667 hectares)
5	dūn	吨	ton	tonne
6	jūn jū	均居	both	tous
7	chǎnliàng	产量	yield	rendement
8	shǔzǎi	薯仔	potato	pomme de terre
9	yángyù	洋芋	potato	pomme de terre
10	Hélán	荷兰	the Netherlands	les Pays-Bas
11	súchēng	俗称	commonly known as	mieux connu sous le nom de

12	zhèngmíng	正名	common name	nom commun
13	nónghòu	浓厚	strong; rich	fort, e; riche
14	tèsè	特色	feature	caractéristique
15	dù hǎi	渡海	cross the sea	traverser la mer
16	wàiláihù	外来户	foreigner	étranger, ère
17	yáoyuǎn	遥远	distant	lointain, e
18	Nánměizhōu	南美洲	South America	l'Amérique du Sud
19	Āndìsī	安第斯	Andes	Andes
20	yìndì'ānrén	印第安人	Indian	Indien, ne
21	yuǎnzhēngjūn	远征军	expedition	expédition
22	xiànshàng	献上	present	présenter
23	nóngchǎnpǐn	农产品	agricultural product	produit agricole
24	shíyòng	食用	edible	comestible
25	jiàzhí	价值	value	valeur
26	yīwúsuǒzhī	一无所知	know nothing	rien savoir
27	nóngxuéjiā	农学家	agronomist	agronome
28	diànfěn	淀粉	starch	amidon
29	guǎngfàn	广泛	extensive	largement
30	zhēngwén	征文	call for papers	demande de papiers
31	míngmò qīngchū	明末清初	late Ming and early Qing	fin des Ming et début des Qing
32	nóngzuòwù	农作物	crop	culture
33	qiánsuǒwèiyǒu	前所未有	unprecedented	sans précédent
34	dǐngfēng	顶峰	peak	sommet

•二、课文

中国是全球马铃薯生产大国，总种植面积达 8600 多万亩，总产量达 1 亿多吨，均居全球第一。马铃薯在中国不但产量高，名字也多，广东人叫它"薯仔"，山西人叫它"山药蛋"，甘肃人叫它"洋芋"，江浙沪人叫它"洋（阳）山芋"，福建人叫它"荷兰薯"……而北京话里的"土豆"最终成为"马铃薯"的俗称正名。这个具有浓厚汉语特色的名称，几乎让人忘记了"土豆"并不是"土生土长"的，而是个渡海而来的"外来户"。

土豆的原产地在遥远的南美洲安第斯山区。印第安人种植马铃薯已经有数千年的历史。1565 年，西班牙远征军向西班牙国王菲力二世献上了一箱包括马铃薯在内的南美洲农产品。然而从这个时期开始，差不多整整一个世纪，欧洲人对马铃薯的食用价值几乎一无所知。明末清初（1600—1644 年），原产美洲的大批农作物从欧洲通过海路被带到了东方。马铃薯也开始在中国得到广泛种植，中国人口从乾隆①六年（1741 年）的 1.4 亿到道光②三十年（1850 年）的 4.3 亿，人口数量几乎是直线上升，达到了前所未有的顶峰，马铃薯在其中起到了重要作用。1770 年，法国一位平凡的农学家巴曼奇（Parmenti）一篇关于马铃薯淀粉营养问题的论文在征文中获奖。从此马铃薯作为粮食作物在欧洲大陆得以广泛种植。

•三、词语练习

1. 依据课文填空

① 马铃薯在_____不但产量高，_____也多，广东人_____它"薯仔"，山西人叫它"山药蛋"，甘肃人叫它"洋芋"，江浙沪人叫它"洋（阳）山芋"，福建人叫它"荷兰薯"……而北京话里的"土豆"最终成为"马铃薯"的俗称正名。这个具有浓厚_____特色的名称，几乎让人忘记了"土豆"并不是"_____"的，而是个渡海而来的"外来户"。

② 土豆的_____在遥远的南美洲安第斯_____。印第安人种植_____已经有数千年的_____。1565 年，西班牙远征军向西班牙国王菲力二世献上了一箱包括马铃薯在内的南美洲_____。然而从这个时期开始，

_____

① 乾隆：清高宗爱新觉罗·弘历（1711 年 9 月 25 日—1799 年 2 月 7 日），清朝第六位皇帝，年号"乾隆"。

② 道光：清宣宗爱新觉罗·旻宁（1782 年 9 月 16 日—1850 年 2 月 25 日），清朝第八位皇帝，年号"道光"。

_____整整一个世纪，欧洲人对马铃薯的 _____ 几乎

_____。

2. 看拼音写词语

Nánměizhōu	Āndìsī	xiànshàng	nóngchǎnpǐn
_____	_____	_____	_____

shíyòng	jiàzhí	diànfěn	guǎngfàn
_____	_____	_____	_____

zhòngzhí	miànjī	mǔ	chǎnliàng
_____	_____	_____	_____

nóngzuòwù	tèsè	yīwúsuǒzhī	nóngxuéjiā
_____	_____	_____	_____

四、课堂表述与讨论

1. 请问图 5-1 中是什么农产品？这种农产品在你的家乡是什么季节种植的？

图 5-1（见书后彩图）

2. 请问图 5-2 中食品的原材料是什么？

图 5-2（见书后彩图）

专业进阶板块

一、拓展课文

西红柿的故事

西红柿又叫番茄，原来生长在秘鲁的森林里，被当地人叫作"狼桃"。16 世纪，英国公爵俄罗达格里从南美洲带回一株西红柿苗，献给英国女王伊丽莎白。从此，西红柿便被种植在皇家后花园里供人观赏，其果实色泽艳丽，但无人品尝。

1830 年，罗伯特从欧洲带回几株西红柿苗，在家乡新泽西州萨伦镇的土地上栽种。但当西红柿成熟后，却一个也卖不出去，因为人们把它看作有毒的果实。

罗伯特不得不大胆向全镇人宣布：他将在法院台阶上当众吃下 10 个西红柿，证明西红柿没有毒。当天，全镇几千居民都涌到法院门口，看罗伯特如何用西红柿"自杀"。正午 12 点，罗伯特出现在众人面前。他身穿黑色礼服，面带微笑，缓缓走上台阶。接着，他从小筐里拿出一只红透了的西红柿，高高举起，向众人展示。待几千双眼睛验证了西红柿的真伪后，他便在众目睽睽之下咬了一口西红柿，一边嚼一边大声称赞：西红柿味道美极了！当罗伯特咬下第二口时，有几位妇女当场晕了过去。

不一会儿，10 个西红柿全部被罗伯特吃完了。他仍安然无恙地站在台阶上，并向大家招手致意。人们报以热烈的掌声，乐队为他奏起了凯旋曲。

罗伯特用行动证明了西红柿没有毒。于是，西红柿名声大振，在世界各地广为传播。

补充词语

1	fānqié	番茄	tomato	tomate
2	Bìlǔ	秘鲁	Peru	Le Pérou
3	sēnlín	森林	forest	forêt
4	gōngjué	公爵	duke	duc

5	yī zhū	一株	one plant of	une plante de
6	miáo	苗	seedling	semis
7	sèzé	色泽	colour	couleur
8	yànlì	艳丽	flamboyant	flamboyant，e
9	pǐncháng	品尝	taste	goûter
10	zāizhòng	栽种	plant	cultiver
11	guǒshí	果实	fruit	fruit
12	xuānbù	宣布	declare	déclarer
13	dāngzhòng	当众	in public	en public
14	yǒng	涌	surge	surgir
15	huǎnhuǎn	缓缓	slowly	lentement
16	kuāng	筐	basket	corbeille
17	tòu	透	adverb of degree	transparent，e
18	zhǎnshì	展示	show	montrer
19	zhòngmù-kuíkuí	众目睽睽	in full view	en pleine vue
20	jiáo	嚼	chew	mâcher
21	yūn	晕	faint	s'évanouir
22	ānrán-wúyàng	安然无恙	safe and sound	sain et sauf
23	zhāo shǒu zhìyì	招手致意	wave hello	saluer de la main
24	míngshēng-dàzhèn	名声大振	make a name for itself	se faire un nom
25	chuánbō	传播	spread	se progager

课堂练习

1. 请写出上文中你觉得需要熟练掌握的词语。

2. 请朗读下面的短文。

在日常生活中我们见到的番茄（西红柿）基本上都是红色的，但现在市场上出现了一种新型的番茄（西红柿）品种，那就是黑番茄。它是近几年从南美洲引进的一种果实为黑色的番茄（西红柿）品种，营养价值比红番茄更高，味道非常甜美，适合当水果食用。

西红柿

3. 请问图 5-3 中的农产品是蔬菜还是水果？请你介绍一下它在自己家乡的种植情况。

图 5-3（见书后彩图）

4. 请问图 5-4 中是什么农作物？

图 5-4

二、课堂仿说或仿写练习

【范文】番薯

红心番薯是比较常见的番薯的品种，它的果皮是深红色的，而果肉是橙红色的。平时很多人喜欢将红心番薯烤着吃，其实也可以将红心番薯清洗干净后直接食用，它具有健脾胃、强肾阳的功效。

番薯

【仿写短文】胡萝卜（100个左右汉字）

_____

_____

_____

_____

_____

胡萝卜

三、阅读拓展

生　菜

种植生菜最好选择保湿能力比较强的沙质土壤，先浇水至土壤完全湿透，然后将腐熟的有机肥作为基肥均匀地撒在苗床上。种植生菜的最佳时间是在每年的10—12月，此时的气候更适合生菜的生长。在种植之前，需要先将种子进行恒温催芽处理，之后在苗床上铺撒腐熟有机肥，然后将种子进行撒播并覆土1厘米，生菜种子播种后的5天内不要浇水，5天之后浇水至土壤湿透，以达到缓苗的效果。另外，在生菜成熟后进行采摘之前，需要再浇一次水。

生菜

生长期间，注意要除草施肥，可每隔1个月施一次三元有机肥料，也可将磷酸铵、硫酸铵、硫酸钾及有机肥料按照5∶3∶2∶100的比例配制施肥。

补充词语

1	bǎoshī	保湿	moisturize	hydrater
2	shāzhì	沙质	sandy	sablonneux, se
3	tǔrǎng	土壤	soil	sol
4	shītòu	湿透	soaked	trempé, e
5	fǔshú	腐熟	decomposed	décomposé, e
6	yǒujīféi	有机肥	organic fertilizer	engrais organique
7	jīféi	基肥	base fertilizer	engrais de base
8	jūnyún	均匀	uniform	uniforme
9	sǎ	撒	sprinkle	saupoudrer
10	miáochuáng	苗床	seedbed	pépinière
11	héngwēn	恒温	constant temperature	temperature constante
12	cuī yá	催芽	germination	germination
13	fù tǔ	覆土	cover soil	couvrir le sol
14	límǐ	厘米	centimeter	centimètre
15	huǎn miáo	缓苗	slow seedling	semis lent
16	cǎizhāi	采摘	pick	prendre
17	chú cǎo	除草	weed	désherber
18	shī féi	施肥	fertilize	fertiliser
19	línsuān'ǎn	磷酸铵	ammonium phosphate	phosphate d'ammonium
20	liúsuān'ǎn	硫酸铵	ammonium sulfate	sulfate d'ammonium
21	liúsuānjiǎ	硫酸钾	potassium sulfate	sulfate de potassium
22	bǐlì	比例	proportion	proportion
23	pèizhì	配制	formulate	formuler

课后练习 〽

1. 复习短文生词并熟记读音或书写生词。

2. 请看图 5-5 说说生菜的食用方式。

图 5-5

四、课后仿写

选择图 5-6 中的一种农产品，仿写一篇 100 个左右汉字的短文。

（a）菠菜　　　　　（b）包菜　　　　　（c）芹菜

图 5-6

第六课

大豆的一生

本课问题导向

1. 你知道豆类还有哪些名字吗？

2. 你的国家有大豆吗？

3. 你的家乡以种植哪种豆类为主？

第六课

专业启动板块

一、词语

1	méngfā	萌发	germinate	germer
2	yòumiáo	幼苗	seedling	semis
3	fēn zhī	分枝	branch	bifurquer
4	jié jiá	结荚	bear the pods	avoir des gousses
5	gǔ lì	鼓粒	bulge	se gonfler
6	pēigēn	胚根	radicle	radicule
7	shēnchū	伸出	stretch out	étendre
8	shēncháng	伸长	elongate	élonger
9	děngcháng	等长	isometric	isométrique
10	fā yá	发芽	germinate	germer
11	zhǒngpí	种皮	seed coat	tégument
12	tuōluò	脱落	fall off	tomber
13	zǐyè	子叶	cotyledons	cotylédon
14	tǔrǎng	土壤	soil	sol

15	biǎocéng	表层	surface layer	couche de surface
16	fēnhuà	分化	differentiate	différencier
17	zhǎng gēn	长根	to grow the root	faire pousser la racine
18	tiánjiān guǎnlǐ	田间管理	field management	gestion de terrain
19	miáo quán	苗全	whole seedling	semis intégral
20	miáo yún	苗匀	uniform seedling	semis uniforme
21	miáo zhuàng	苗壮	strong seedling	semis fort
22	fēngchǎn	丰产	high yield	haut rendement
23	dǎ xià	打下	make	faire
24	jīchǔ	基础	foundation	base
25	huāyá	花芽	flower bud	bourgeon floral
26	shǐhuā	始花	first flower	première fleur
27	dòujiá	豆荚	pod	cosse
28	sǐyāng	死秧	dead seedling	semis mort
29	bǐlì	秕粒	blighted grain	grain flétri
30	jiàng zhì	降至	down to	jusqu'à
31	dòulì	豆粒	soybean grain	grain de soja
32	tuōshuǐ	脱水	dehydrate	déshydrater
33	yáodòng	摇动	shake	secouer
34	zhízhū	植株	plant	plante
35	jiàngdī	降低	reduce	réduire
36	shōuhuò	收获	harvest	récolter
37	qínglǎng	晴朗	sunny	ensoleillé, e
38	gānzào	干燥	dry	sec, sèche

◦ 二、课文

　　在现代社会，大豆作为国际贸易大宗商品之一，对全世界的畜牧业及食用油料加工业起着极为重要的作用，同时也影响着我们的菜篮子和餐桌。

　　那么，大豆是如何生长的呢？下面我们一起来了解一下吧。大豆的一生要经历种子萌发、出苗、幼苗生长、分枝、开花、结荚、鼓粒、成熟等过程。

（1）种子的萌发和出苗。胚根经过伸出、伸长，长到与种子等长时就是"发芽"。胚轴伸长，种皮脱落，子叶随下胚轴伸长并露出土壤表层，当子叶展开时就是出苗。

（2）幼苗期。从出苗到花芽分化前为幼苗期。这一时期是长根期，应加强田间管理，达到苗全、苗匀、苗壮，为丰产打下基础。

（3）花芽分化期。从花芽开始分化到始花为花芽分化期，又叫分枝期。

（4）开花结荚期。从始花到终花为开花期，从软而小的豆荚出现到幼荚形成为结荚期。因为大豆开花和结荚是同时进行的，所以这两个时期统称开花结荚期。

（5）鼓粒期。鼓粒期是大豆种子形成的重要时期，这个时期大豆生育是否正常将决定每荚粒数的多少、粒重的高低和种子的化学成分。此时，干旱或多雨都有可能造成死秧、秕粒、粒重下降而严重影响产量。

（6）成熟期。成熟期叶片变黄脱落，豆粒脱水，呈现品种固有的形状，种子含水降至15%以下，摇动植株时荚内有轻微响声。此时应当降低土壤水分，加速种子和植株变干，便于及时收获。成熟期天气晴朗干燥，可促进大豆成熟且有利于提高大豆的品质。

三、词语练习

1. 依据课文填空

① 从_____到花芽分化前为_____期。这一时期是长根期，应加强____
_____管理，达到苗_____、苗匀、苗_____，为_____打下基础。

② 叶片变黄_____，豆粒_____，呈现品种固有的形状，种子含水降至15%以下，摇动_____时荚内有轻微响声，此为_____期。此时应当_____土壤水分，加速种子和植株变干，便于及时_____。成熟期天气晴朗_____，可促进大豆成熟且有利于提高大豆的品质。

2. 看拼音写词语

méngfā	yòumiáo	fēn zhī	shēnchū
_____	_____	_____	_____
fā yá	zhǒngpí	jīchǔ	tuōluò
_____	_____	_____	_____
biǎocéng	fēnhuà	zhǎng gēn	yáodòng
_____	_____	_____	_____

zhízhū   shōuhuò   qínglǎng

_____   _____   _____

四、课堂表述与讨论

1. 请问图 6-1 所示是什么农产品？它在你的家乡在什么季节种植？

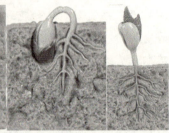

图 6-1（见书后彩图）

2. 请问图 6-2 所示食品的原材料是什么？

图 6-2

专业进阶板块

一、拓展课文

大豆的营养价值

　　大豆是豆类中营养价值最高的品种，在百种天然食品中名列榜首。用大豆制作的食品，如豆浆、豆腐、豆干及豆皮等是中国人餐桌上的家常菜。它们营养丰富，烹调方法简单又多样，口感适宜，因此深受中国老百姓的喜爱。

　　大豆中蛋白质的含量较高，一般为 35% 左右，且质量比粮食中的蛋白质质量好。蛋白质中含有人体需要的全部氨基酸，其中谷类食物中较为缺乏的赖氨酸在豆类中含量较高，所以宜与谷类搭配食用，从而提高膳食中蛋白质的营养价值。

大豆脂肪含量也比较高，达 15%～20%，其中黄豆和黑豆的脂肪含量最高，常作为食用油的原料。豆油是最常用的烹调油之一。大豆的脂肪以不饱和脂肪酸居多，其中油酸占 32%～36%，亚油酸占 51.7%～57.0%，亚麻酸占 2%～10%，此外尚有 1.64% 左右的磷脂。由于大豆富含不饱和脂肪酸，所以它是高血压、动脉粥样硬化等疾病患者的理想食物。

大豆中还含有丰富的维生素和矿物质，其中 B 族维生素和钙等的含量较高。

大豆中也含有一些抗营养物质，不过其中绝大多数抗营养物质对热不稳定，在 100 ℃ 高温下即丧失活性。因此，只要把大豆或豆制品充分加热，便可消除或降低抗营养物质对人体的不良影响。

补充词语

1	tiānrán	天然	natural	naturel, le
2	mínglièbǎngshǒu	名列榜首	at the top of the list	en tête de liste
3	dòujiāng	豆浆	soybean milk	lait de soja
4	dòufu	豆腐	tofu	tofu
5	dòugān	豆干	dried tofu	tofu séché
6	dòupí	豆皮	tofu skin	peau de tofu
7	pēngtiáo	烹调	cook	cuire
8	dànbáizhì	蛋白质	protein	protéine
9	ānjīsuān	氨基酸	amino acid	acide aminé
10	lài'ānsuān	赖氨酸	lysine	lysine
11	shànshí	膳食	meal	repas
12	zhīfáng	脂肪	fat	graisse
13	bùbǎohé	不饱和	unsaturated	non saturé, e
14	zhīfángsuān	脂肪酸	fatty acid	acide gras
15	yóusuān	油酸	oleic acid	acide oléique
16	yàyóusuān	亚油酸	linoleic acid	acide linoléique
17	yàmásuān	亚麻酸	linolenic acid	acide linolénique

18	línzhī	磷脂	phospholipid	phospholipides
19	dòngmài zhōuyàng yìnghuà	动脉粥样硬化	atherosclerosis	athérosclérose
20	wéishēngsù	维生素	vitamin	vitamine
21	dòuzhìpǐn	豆制品	soy products	des produits à base de soja

课堂练习 ⌄⌄

1. 请写出上文中你觉得需要熟练掌握的词语。

2. 请朗读下面的短文。

目前，大豆已经成为除水稻、小麦和玉米三种粮食作物之外产量最多的农作物，也是当今世界上经济意义最大的一种豆科作物。大豆适应性强，能在世界许多地区栽培。随着产量的增加，它在满足世界上日益增加的人口对蛋白质的需求方面，正发挥着越来越重要的作用。

大豆

3. 请问图 6-3 所示农作物的种植需要什么条件？

图 6-3

4. 请问图 6-4 所示农产品是蔬菜还是水果？请你介绍一下自己家乡种植该农产品的情况。

图 6-4（见书后彩图）

二、课堂仿说或仿写练习

【范文】大豆的分类

大豆按种皮的颜色和粒形可以分为四类：（1）黄大豆，种皮为黄色，按粒形又分为东北黄大豆和一般黄大豆两类；（2）青大豆，种皮为青色；（3）黑大豆，种皮为黑色；（4）其他颜色的大豆，有褐色、棕色、赤色等单一颜色的大豆。

【仿写短文】红豆（100 个左右汉字）

_____

_____

_____

_____

红豆

三、阅读拓展

大豆有很多种品种，不同品种的大豆最晚播种时间是不一样的。普通型大豆最佳播种时间为 3—4 月，这时播种种子发芽率最高。长江春大豆最晚播种时间为 4 月底；黄淮夏大豆最晚播种时间为 6 月底；南方夏大豆最晚播种时间为 6 月初；秋大豆最晚播种时间为 8 月底。播种的种子最好选择当年生或一年生的，播种的深度在 3~5 厘米最好，播种时要控制好行距和株距，这样后期大豆的产量和质量会更高。

播种前可以先给土壤浇一遍水，增加土壤湿度，播种成功后可以适量地往土壤中施肥，给种子补充养分。大豆的生长期较短，种植后4~5个月就能成熟，种植过程中要及时给植株浇水施肥，肥料不足也会导致大豆产量降低。

温度升高时，大豆很容易感染病虫害，这时要提前做好防治工作，其间还要及时将土壤中的杂草清理干净。

补充词语

1	zuì jiā	最佳	best	meilleur, e
2	fāyálǜ	发芽率	germination rate	taux de germination
3	shēndù	深度	depth	profondeur
4	hángjù	行距	line spacing	interligne
5	zhūjù	株距	plant spacing	espacement des plantes
6	chǎnliàng	产量	yield	rendement
7	zhìliàng	质量	quality	qualité
8	jiāo shuǐ	浇水	water	arroser
9	shīdù	湿度	humidity	humidité
10	shìliàng	适量	moderate	modéré, e
11	shī féi	施肥	fertilize	fertiliser
12	gǎnrǎn	感染	infection	infection
13	bìngchónghài	病虫害	pests and diseases	parasites agricoles
14	fángzhì	防治	prevention and cure	prévention et traitement
15	zácǎo	杂草	weed	mauvaise herbe
16	qīnglǐ	清理	clean up	nettoyer

课后练习

1. 复习短文生词并熟记读音或书写生词。

2. 请说说中国豆腐的食用方式。

中国豆腐

四、课后仿写

选择图 6-5 中的一种农产品，仿写一篇 100 个左右汉字的短文。

（a）大豆　　　　　（b）花生　　　　　（c）玉米

图 6-5

第七课

农时与节气

本课问题导向

1. 你了解农时吗?

2. 你的家乡一年有几个节气?

3. 请问你的国家主要有哪些农产品?

第七课

专业启动板块

一、词语

1	bōzhòng	播种	sow	semer
2	shōuhuò	收获	harvest	récolter
3	jiéqì	节气	solar term	terme solaire
4	lìchūn	立春	beginning of Spring	établissment du printemps
5	kāiduān	开端	beginning	début
6	yǔshuǐ	雨水	rain water	eau de pluie
7	jīngzhé	惊蛰	awakening of insects	réveil des animaux hibernants
8	chūnfēn	春分	spring equinox	équinoxe de printemps
9	zhéfú	蛰伏	hibernate	hiverner
10	chūnyì àngrán	春意盎然	spring is in full bloom	Le printemps est en pleine floraison.
11	làjiāo	辣椒	chili	chili

12	zhúsǔn	竹笋	bamboo shoot	pousse de bambou
13	chāyāng	插秧	transplant rice seedlings	repiquer des plants de riz
14	qīngmíng	清明	pure brightness	pure lumière
15	gǔyǔ	谷雨	grain rain	pluie de grains
16	lìxià	立夏	beginning of Summer	établissement de l'été
17	zāi	栽	plant	planter
18	xiǎomǎn	小满	grain buds	petit charnu
19	mángzhòng	芒种	grain in ear	Les épis out des barbes
20	sānfú	三伏	three volts	trois volts
21	xiàzhì	夏至	summer solstice	solstice d'été
22	xiǎoshǔ	小暑	minor heat	petite chaleur
23	dàshǔ	大暑	major heat	grande chaleur
24	lìqiū	立秋	beginning of Autumn	établissement de l'automne
25	chǔshǔ	处暑	end of heat	sortie de la chaleur
26	báilù	白露	white dew	rosée blanche
27	qiūfēn	秋分	autumn equinox	équinoxe d'automne
28	gǔzi	谷子	millet	millet
29	luóbo	萝卜	radish	radis
30	báicài	白菜	Chinese cabbage	chou chinois
31	hánlù	寒露	cold dew	rosée froide
32	shuāngjiàng	霜降	frost's descent	descente du givre
33	tóngyóu guǒ	桐油果	tung oil fruit	fruit d'abrasine
34	shānchá zǐ	山茶籽	camellia seed	graine de camélia
35	lìdōng	立冬	beginning of Winter	établissement de l'hiver
36	xiǎoxuě	小雪	minor snow	petite neige
37	dìjiào	地窖	cellar	cave

38	chǔcún	储存	store	conserver
39	xiǎohán	小寒	minor cold	petit froid
40	dàhán	大寒	major cold	grand froid

二、课文

中国农作物的播种与收获常常是根据节气来安排的，所以二十四节气①对农业生产的影响非常大。

一、立春和雨水。这是一年的开端，天气变暖和，雨水增多，方便农民耕田翻地。

二、惊蛰和春分。到了惊蛰，春雷开始响动，惊动了地里蛰伏了一个冬天的虫儿，天气也一天比一天暖和，一派春意盎然的景象。

三、清明和谷雨。这个时期是播种的最好时节，玉米、辣椒等农作物开始陆陆续续播种了。

四、立夏和小满，既是竹笋生长出土的季节，又是插秧的季节。如果不及时插秧，秧苗发育时间缩短，就会影响粮食产量和质量。

五、芒种和夏至。这两个节气象征着夏天的到来，雨量适宜栽番薯。

六、小暑和大暑，标志着三伏天气的到来。这个时期也是番薯施肥、培土的阶段，做好秧苗早、中、晚的田间管理，才能保障产量。

七、立秋和处暑。这个时期早稻已成熟，中稻和晚稻也陆续成熟，只等着分批收割了。

八、白露和秋分，谷子开始收割。大萝卜、大白菜，还有土豆，都在这个季节种植。

九、寒露和霜降。这个季节是收获山间桐油果、山茶籽的季节。南方麦子又进入了播种期。

十、立冬和小雪。北方农民们挖地窖储存冬季蔬菜，有的地方又开始了冬小麦的播种。

十一、大雪和冬至。一年中日照最短的时节，农活做得差不多了，可以放松一下了。

十二、小寒和大寒。全中国大部分地区最冷的季节，这时大部分农民忙着准备过年的食物，迎接快乐的中国年！

---

①　二十四节气是中国农事的一种记录方式。

二十四节气表

春季	节气名	立春 (正月节)	雨水 (正月中)	惊蛰 (二月节)	春分 (二月中)	清明 (三月节)	谷雨 (三月中)
	节气日期	2月4日 或5日	2月19日 或20日	3月5日 或6日	3月20日 或21日	4月4日 或5日	4月20日 或21日
	太阳到达黄经	315°	330°	345°	0°	15°	30°
夏季	节气名	立夏 (四月节)	小满 (四月中)	芒种 (五月节)	夏至 (五月中)	小暑 (六月节)	大暑 (六月中)
	节气日期	5月5日 或6日	5月21日 或22日	6月5日 或6日	6月21日 或22日	7月7日 或8日	7月23日 或24日
	太阳到达黄经	45°	60°	75°	90°	105°	120°
秋季	节气名	立秋 (七月节)	处暑 (七月中)	白露 (八月节)	秋分 (八月中)	寒露 (九月节)	霜降 (九月中)
	节气日期	8月7日 或8日	8月23日 或24日	9月7日 或8日	9月23日 或24日	10月8日 或9日	10月23日 或24日
	太阳到达黄经	135°	150°	165°	180°	195°	210°
冬季	节气名	立冬 (十月节)	小雪 (十月中)	大雪 (十一月节)	冬至 (十一月中)	小寒 (十二月节)	大寒 (十二月中)
	节气日期	11月7日 或8日	11月22日 或23日	12月7日 或8日	12月21日 或22日	1月5日 或6日	1月20日 或21日
	太阳到达黄经	225°	240°	255°	270°	285°	300°

三、词语练习

1. 依据课文填空

① 立夏和_____，既是竹笋生长_____的季节，又是_____的季节。如果不及时插秧，秧苗_____时间_____，就会_____粮食产量和质量。

② 芒种和夏至。这两个节气象征着_____的到来，雨量适宜栽番薯。

③ 小暑和大暑，标志着_____天气的到来。这个时期也是_____施肥、培土的_____，做好秧苗早、中、晚的_____管理，才能保障产量。

2. 看拼音写词语

bōzhòng　　　　shōuhuò　　　　jiéqì　　　　lìchūn

_____　　　_____　　　_____　　　_____

kāiduān	yǔshuǐ	jīngzhé	chūnfēn
zhéfú	chūnyì àngrán	sānfú	xiàzhì
dàshǔ	lìqiū	chǔshǔ	báilù
qiūfēn	gǔzi	luóbo	báicài

四、课堂表述与讨论

1. 请结合你们国家的农时，说说图 7-1 所示农作物的播种时间。

图 7-1

2. 请判断图 7-2 中场景发生在什么季节。

图 7-2（见书后彩图）

专业进阶板块

一、拓展课文

　　辣椒是人们喜爱的蔬菜之一，其含有较高的维生素 C、辣椒素，食用后具有除湿祛寒，促进血液循环，增强抵抗力的功效。辣椒的品种较多，中国各地都有种植；市场需求量大，种植的农户也较多。

辣椒喜欢生长在比较温暖的环境中，最适合的生长温度是在 20~30 ℃之间。一般来说，从三月份开始，一直延续到七月份都可以播种辣椒。在常年比较温暖的南方地区，全年都可以种植辣椒。辣椒可在春季和秋季种植，春季温差大，高温会影响到植株的开花结果，一般种植早熟品种；秋季可以种植中晚熟品种。

辣椒种子的发芽率较高，所以一般不用催芽。为了加快出芽，可以把种子浸泡在水中，还可以用药剂浸种，起到消毒杀菌的效果。将浸泡过的种子播到土壤中，上面覆盖 2 厘米的细土，浇水后再覆盖地膜，出苗后将地膜揭掉。辣椒在初苗期对温度要求较高，白天 25~30 ℃、夜晚 15~18 ℃最好。幼苗不耐低温，要注意防寒。

辣椒属于耐肥、怕旱、怕涝的作物。种植辣椒要提前整地，并在地势高、排水好的地方栽种。土壤里面如果含有丰富的腐殖质最好。如果土壤比较贫瘠，那就要在土中加些腐熟的底肥。施肥规律为"两头少，中间多"。

辣椒生长期要做好水肥管理，管理过程中要注意防治病虫害。

辣椒不能连续种植，也不能在种过茄子、西红柿及土豆的土壤中栽种。

辣椒

补充词语

1	làjiāo	辣椒	chili	chili
2	làjiāosù	辣椒素	capsaicin	capsaïcine
3	chúshī	除湿	dry	sécher
4	qūhán	祛寒	dispel cold	chasser le froid
5	zǎoshú	早熟	precocious	précoce
6	pǐnzhǒng	品种	variety	variété

7	fāyá	发芽	germinate	germer
8	cuīyá	催芽	germination	germination
9	jìnpào	浸泡	soak	tremper
10	fùgài	覆盖	cover	couvrir
11	dìmó	地膜	mulch	paillis
12	jiē diào	揭掉	peel off	se détacher
13	fǔzhízhì	腐殖质	humus	humus
14	pínjí	贫瘠	barren	denudé, e
15	dǐféi	底肥	base fertilizer	engrais de base
16	zāizhòng	栽种	plant	planter

课堂练习

1. 请写出文中需要熟练掌握的词语。

2. 请朗读短文。

包 菜

包菜一年四季均可以种植。包菜适应性强，既耐寒又耐热。在中国北方，春、夏、秋季均可露地种植。东北、西北和华北的高寒地区是中国包菜的主产区。华北及东北、西北的部分城市，以春、秋两茬种植为主，亦可进行多茬种植。冬、春育苗，春栽夏收称为夏包菜；夏季育苗，秋季种植，秋、冬收获，称为秋包菜。

包菜

3. 如图 7-3 所示，请判断右图所示水果是否是在左图所示季节收获的。

图 7-3（见书后彩图）

4. 请你介绍一下自己家乡辣椒的种植情况。

辣椒

二、课堂仿说或仿写练习

【范文】洋葱

　　洋葱是一年生的作物，生命周期是比较短的，从发育期开始，洋葱一般要经历 6 个生长时期。首先是发芽期，这个时期包括洋葱的种子萌动，然后发芽长出第一片真叶，这一阶段差不多是在种植后 15 天左右。在发芽期间，要保持土壤的湿润，保证洋葱发芽的条件适宜。然后，洋葱就进入了幼苗期。成活的一次幼苗进入了旺盛生长期。这一阶段的洋葱基本上就专注于生长，是洋葱生长速度最快的时期，叶子数量和叶子面积都在快

洋葱

速增加。这个阶段，对于很多农户来说，要注意施肥，加强洋葱本身的营养管理。

【仿写短文】南瓜（100个左右汉字）

南瓜

三、阅读拓展

茅草叶子的启发

一天，鲁班到一座高山上去寻找木料，突然脚下一滑，他急忙伸手抓住路旁的一丛茅草。没想到手被茅草划破了，伤口还渗出了不少血。

"怎么这不起眼的茅草这么锋利呢？"他忘记了伤口的疼痛，扯起一把茅草细细端详，发现小草叶子边缘长着许多锋利的小齿。他用这些密密的小齿在手背上轻轻一划，居然割开了一道口子。

他想，要是用像茅草这样带着许多小齿的工具来锯树木，不就可以很快地把木头锯开了吗？那肯定会比用斧头砍树要省力多了。

于是，鲁班请铁匠师傅打制了几十根边缘上带有锋利小锯齿的铁片，拿到山上去做实验。果然，他很快就把树木锯断了。鲁班造的工具也受到了工人们的欢迎。鲁班还给这种新发明的工具起了一个名字，叫作"锯"。

补充词语 ⌄

1	xúnzhǎo	寻找	look for	chercher
2	huá	滑	slip	se glisser
3	yī cóng	一丛	a clump	une touffe
4	máocǎo	茅草	thatch	chaume

5	huápò	划破	scratch	rayer
6	shènchū	渗出	seep	infiltrer
7	bùqǐyǎn	不起眼	unremarkable	banal, e
8	fēnglì	锋利	sharpness	tranchant, e
9	chěqǐ	扯起	pull up	remonter
10	yī bǎ	一把	a handful	une poignée de
11	duānxiáng	端详	look closely	regarder attentivement
12	biānyuán	边缘	edge	bord
13	xiǎo chǐ	小齿	small teeth	petite dent
14	gē	割	cut	couper
15	yī dào	一道	one…	un, e…
16	kǒuzi	口子	rift	fissure
17	jù	锯	saw	scier
18	fǔtóu	斧头	ax	hache
19	kǎn	砍	cut	couper
20	dǎzhì	打制	make	fabriquer
21	tiěpiàn	铁片	iron sheet	feuille de fer

课后练习

1. 复习短文生词并熟记读音或书写生词。

2. 请看图 7-4 说说这种工具的作用。

图 7-4

四、课后仿写

选择图 7-5 中的一种农产品，仿写一篇 100 个左右汉字的说明文。

（a）黄瓜　　　　　（b）冬瓜　　　　　（c）韭菜

图 7-5

第八课

土壤与植物

 本课问题导向

1. 土壤是由什么组成的？
2. 土壤有哪些结构类型，它们各有什么特点？
3. 观察你所熟悉的植物的生活属性，为其生长选择适宜的土壤类型。

第八课

专业启动板块

一、词语

1	tǔrǎng	土壤	soil	sol
2	lùdì	陆地	land	terrain
3	féiwò	肥沃	fertile	fertile
4	pínjí	贫瘠	infertile	infertile
5	jiégòu	结构	structure	structure
6	kuàngwùzhì	矿物质	minerals	minéraux
7	fǔzhízhì	腐殖质	humus	humus
8	kēlì	颗粒	particle	particule
9	shātǔ	砂土	sand	sable
10	niántǔ	黏土	clay	argile
11	rǎngtǔ	壤土	loam	terreau
12	zhìdì	质地	texture	texture
13	jūnyún	均匀	uniform	uniforme

14	yǒujīwù	有机物	organic matter	matière organique
15	páixièwù	排泄物	excrement	excrément
16	wēishēngwù	微生物	microorganism	micro-organisme
17	bìyào tiáojiàn	必要条件	necessary condition	condition nécessaire
18	yǎngqì	氧气	oxygen	oxygène
19	chōngzú	充足	ample	ample
20	wújīyán	无机盐	inorganic salt	sel inorganique
21	kòngxì	空隙	gap	écart
22	tōngqì	通气	ventilation	ventilation
23	xìngnéng	性能	function	fonction
24	shènshuǐ	渗水	seepage	suintement
25	bǎoliú	保留	retain	retenir
26	liúshī	流失	loss	perte
27	bǎo shuǐ	保水	water retention	rétention d'eau
28	bǎo féi	保肥	keep fertilizer	garder l'engrais
29	shūsōng	疏松	loosen	desserrer
30	shìyí	适宜	fit	convenir
31	shǔlèi	薯类	yam	patate douce
32	zhīma	芝麻	sesame	sésame
33	shuǐdào	水稻	rice	riz
34	xiǎomài	小麦	wheat	blé
35	gāoliang	高粱	sorghum	sorgho
36	dòulèi	豆类	beans	haricot

○ 二、课文

　　不同的陆地表面，土壤是不同的，有的肥沃，有的贫瘠。土壤是否有利于植物生长是由土壤的结构和类型决定的。

　　土壤是由矿物质、腐殖质、水和空气等物质组成的。这些成分之间相互影响，使土壤形成了一定的结构。根据矿物质颗粒在土壤中所占的比例不同，可将土壤分为砂土类土壤、黏土类土壤和壤土类土壤三种类型。砂土类土壤颗粒较粗，黏土类土壤颗粒较细，壤土类土壤质地较为均匀。

矿物质是构成土壤的主要成分。腐殖质是土壤中的有机物，主要来源于生物的排泄物和死亡的生物体。土壤中的水分是植物生长的必要条件，土壤中的空气是植物的根和微生物生命活动所需氧气的来源。

植物的生长需要土壤提供充足的水分、空气和无机盐。如果土壤的空隙较大，其通气性能和渗水性能就较好，在这样的土壤中水就不易保留，有机质也容易流失。如果土壤的空隙很小，其通气性能就差，但其保水性能较好。所以种植植物时要综合考察土壤的通气性能和保水性能，并根据植物的生长需求选择适合的土壤。砂土类土壤土质疏松、通气性能好，适宜种植薯类、花生、芝麻、西瓜等作物；黏土类土壤保水、保肥性能好，适宜种植水稻、小麦、高粱、玉米、豆类等作物；壤土类土壤是最理想的土壤质地，适宜种植各类植物。

三、词语练习

1. 依据课文填空

① 土壤是由_____、_____、水和空气等物质组成的。

② 根据矿物质_____在土壤中所占的_____不同，可将土壤分为_____类土壤、_____类土壤和_____类土壤三种类型。砂土类土壤的特点是_____。黏土类土壤的特点是_____。壤土类土壤的特点是_____。

③ _____是构成土壤的主要成分。腐殖质是土壤中的_____，主要来源于生物的排泄物和死亡的生物体。

2. 看拼音写词语

tǔrǎng	féiwò	pínjí	wújīyán
_____	_____	_____	_____

liúshī	yǒujīwù	zhìdì	yǎngqì
_____	_____	_____	_____

dòulèi	jūnyún	kòngxì	xìngnéng
_____	_____	_____	_____

shūsōng	shìyí
_____	_____

四、课堂表述与讨论

1. 请问图 8-1 中的土壤分别是哪种类型？哪种土壤通气性能最好？哪种土壤通气性能最差？哪种土壤渗水性能最好？哪种土壤保水性能最好？

图 8-1 （见书后彩图）

2. 花生是一种地上开花、地下结果的植物。花落后长出的果针要深入土壤中才能长成果实。根据课文中讲述的土壤类型，请讲讲哪种土壤比较疏松，更适合种植花生。

花生

3. 水稻是亚热带重要的粮食作物之一，它的生长环境为高温、多湿、短日照、泥土软烂。请根据课文中讲述的土壤类型，讲讲哪种土壤更适合水稻生长。

水稻

4. 请问图 8-2 所示是什么农产品？它适宜在什么土壤中种植？

图 8-2 （见书后彩图）

专业进阶板块

一、拓展课文

无土栽培

　　传统的作物栽培是离不开土壤的，而无土栽培则是用其他东西代替自然土壤。无土栽培包括水培、雾（气）培、基质栽培，只要给植物提供它所需要的水和无机盐营养，将植株固定住并注意通气、通风，植物离开土壤也是能成活的。

　　无土栽培是农作物和植物栽培的一种改进技术，它无须天然土壤，而是采用含有植物生长发育必需元素的营养液，为植物正常完成整个生命周期提供营养。因此，能否为植物提供一种比例协调、浓度适量的营养液，是栽培成功的关键。由于植物对养分的要求因植物种类和生长发育的差异而有所不同，因此配方也要相应地改变，即使培养同一种植物，在它的生长周期中也要不断地修改培养液的配方。

　　无土栽培不仅易于营养液成分的调控、添加、补充，而且可以设定或修改营养液的点灌方式，并适度选择循环使用。

　　不论采用何种类型的无土栽培，几个最基本的环节必须掌握：无土栽培时，营养液必须溶解在水中供植物根系吸收。基质栽培时，营养液浇在基质中，而后被作物根系吸收。因此，我们必须对水质、营养液和所用的基质的理化性状有所了解。

　　多年的实践证明，对于大豆、小麦、番茄、黄瓜等作物，无土栽培的产量比传统的土壤栽培的产量都高。

补充词语

1	zāipéi	栽培	cultivate	cultiver
2	jīzhì	基质	matrix	matrice
3	zhízhū	植株	plant	plante

4	yuánsù	元素	element	élément
5	yíngyǎngyè	营养液	nutrient solution	solution nutritive
6	nóngdù	浓度	concentration	concentration
7	pèifāng	配方	formula	formule
8	tiānjiā	添加	add	ajouter
9	bǔchōng	补充	replenish	remplir
10	shèdìng	设定	set up	mettre en place
11	diǎnguàn	点灌	dot irrigation	irrigation ponctuelle
12	xúnhuán	循环	circulate	circuler
13	gōng	供	supply	fournir
14	róngjiě	溶解	dissolve	dissoudre
15	lǐhuà	理化	physical and chemical	physique et chimique
16	xìngzhuàng	性状	trait	trait

课堂练习

1. 请熟练掌握以下词语。

无土栽培　植株　循环　营养液　配方　供给　设定
添加　点灌　供给　溶解　理化　性状　循环

2. 请朗读短文，并回答下列问题。

（1）什么是无土栽培？

（2）无土栽培需要提供哪些条件？

（3）无土栽培有哪些优势？

（4）哪些植物无土栽培的产量比传统土壤栽培的产量高？

3. 小实验：准备一个滤水篮；一些种子，如大豆、花生或者蔬菜种子等；一个盛水的容器。根据所选的种子了解其生长需要配置什么样的营养液。每天观察自己的无土栽培植物，并记录其生长过程。

二、仿写练习

【范文】中国北方的黑土

中国北方的黑土养分含量十分丰富，生长的作物常常具有很高的品质。例如，地处黑龙江省宁安市的响水村，因其土壤发育于火山灰之上，所以含有丰富的有机质、矿物质和微量元素，加之昼夜温差大、灌溉水质好，产出了驰名中外的"响水大米"。响水大米甚至获得了"中国米王"的称号。

【仿写短文】你的国家特有的一种土壤（100 个左右汉字）

_____

_____

_____

_____

三、阅读拓展

土壤温度对作物生长和土壤中微生物的活动，以及各种养分的转化、土壤水分蒸发和运动都有很大影响。作物从播种到成熟都需要一定的温度条件，如大麦、小麦在 1~2 ℃ 时就能发芽，而水稻、棉花要在 10~12 ℃ 时才发芽。所以不同作物的播种时节是由土壤温度来决定的。一般土壤微生物生活以土温 25~37 ℃ 为适宜，最低为 5 ℃，最高不超过 45~50 ℃。土温过低，微生物活动就会减弱，甚至完全停止，有机质难以分解，有效养分缺乏。影响土壤温度变化的因素很多，如纬度、海拔高度、地形和坡向等；但主要是土壤本身的土壤热特性，如土壤热容量、导热性、吸热性和散热性等，尤其是热容量和导热性是决定土壤温度最重要的内因。

补充词语

1	zhuǎnhuà	转化	conversion	conversion
2	zhēngfā	蒸发	evaporate	évaporer
3	bōzhòng	播种	sow	semer
4	miánhuā	棉花	cotton	coton
5	fēnjiě	分解	decompose	décomposer

6	wěidù	纬度	latitude	latitude
7	hǎibá	海拔	altitude	altitude
8	pōxiàng	坡向	aspect	aspect
9	rèróngliàng	热容量	heat capacity	capacité thermique
10	dǎorèxìng	导热性	thermal conductivity	conductivité thermique
11	xīrèxìng	吸热性	endothermic property	propriété endothermique
12	sànrèxìng	散热性	heat dissipation	dissipation de la chaleur

课堂练习

1. 复习短文生词并熟记读音或书写生词。

2. 阅读短文并回答下列问题。

（1）举例说明土壤温度对农作物生长、微生物生活的影响。

（2）影响土壤温度变化的因素有哪些？

四、课后仿写

选择图 8-3 中的一种土壤，仿写一篇 100 个左右汉字的说明文。

（a）红壤　　　　　　　　（b）黄土

图 8-3（见书后彩图）

第九课
工业革命与机械发明

 本课问题导向

1. 请问历史上有几次工业革命？
2. 你知道瓦特吗？
3. 你认为机械劳动能不能完全代替人力劳动？

第九课

专业启动板块

一、词语

1	zhēngqìjī	蒸汽机	steam engine	machine à vapeur
2	dònglìjī	动力机	power machine	machine mécanique
3	bùyuē'értóng	不约而同	coincidentally	par coïncidence
4	gǎiliáng	改良	improve	améliorer
5	xiàolǜ	效率	efficiency	efficacité
6	zhuāngzhì	装置	device	dispositif
7	chúxíng	雏形	prototype	prototype
8	céngjīng	曾经	once	autrefois
9	huósāi	活塞	piston	piston
10	zhújiàn	逐渐	gradually	progressivement
11	máobìng	毛病	fault	défaut
12	gǎigé	改革	reform	réforme
13	lěngníngqì	冷凝器	condenser	condenseur
14	qìgāng	汽缸	cylinder	cylindre

15	shèzhì	设置	set up	installer
16	juérècéng	绝热层	thermal insulation	isolation thermique
17	rùnhuá	润滑	lubricate	lubrifier
18	fāmíng	发明	invention	invention
19	fēnlíshì	分离式	separate	séparé, e
20	... shì	……式	... type	de façon
21	xíngxīngshì	行星式	planetary form	de façon planétaire
22	chǐlún	齿轮	gear	roue dentée
23	píngxíng	平行	parallel	parellèle
24	liángǎn jīgòu	连杆机构	linkage mechanism	mécanisme de liaison
25	líxīnshì	离心式	centrifugal type	centrifuge
26	tiáosùqì	调速器	speed governor	gouverneur
27	jiéqìfá	节气阀	throttle valve	la soupape d'étranglement
28	yālìjì	压力计	pressure gauge	manomètre
29	bèi	倍	times	fois
30	zuìzhōng	最终	eventually	finalement

◦二、课文

　　第一次工业革命，是指18世纪60年代英国发起的，以蒸汽机作为动力机被广泛使用为标志的一场技术革命，它开创了以机器代替手工劳动的时代。

　　一说到蒸汽机，大家不约而同地就会想到瓦特，很多人以为是瓦特发明了蒸汽机，实际上他只是改良了蒸汽机，提高了蒸汽机的效率，让蒸汽机能够真正应用于工业生产。据史料记载，两千年前，当时古罗马发明家、数学家希罗发明了"汽转球"装置。这应该是世界上最早的蒸汽机的雏形，不过，这种装置在当时并没有任何实际用途。1688年，法国物理学家德尼斯·帕潘用一个圆筒和活塞制造出第一台简单的蒸汽机。但是，帕潘的发明没有实际运用到工业生产上。十年后，英国人托易斯·塞维利发明了蒸汽抽水机，这种抽水机主要用于矿井抽水。1705年，英国工程师纽科门经过长期研究，综合帕潘和塞维利发明的优点，创造了空气蒸汽机。

　　瓦特运用科学理论，逐渐发现了空气蒸汽机的毛病所在。从1765年到1790年，他进行了一系列改革，比如，在汽缸外设置绝热层、用油润滑活塞，以及发明了分离式冷凝器、行星式齿轮、平行运动连杆机构、离心式调速器、节气阀、压力计等，使蒸汽机的效率提高到空气蒸汽机的 3 倍多，最终研制出现代意义上的蒸汽机。

·三、词语练习

1. 依据课文填空

① 一说到蒸汽机，大家_____地就会_____瓦特，很多人_____是瓦特发明了_____机，实际上他只是_____了蒸汽机，提高了蒸汽机的_____，让蒸汽机能够真正应用于_____生产。

② 瓦特对蒸汽机_____了一系列改革，比如，在汽缸外设置_____、用油润滑_____，以及发明了_____式冷凝器、行星式_____、平行运动_____机构、离心式调速器、_____阀、压力计等，使蒸汽机的_____提高到空气蒸汽机的 3 倍多。

2. 看拼音写词语

zhēngqìjī	dònglìjī	bùyuē'értóng	gǎiliáng
_____	_____	_____	_____
xiàolǜ	zhuāngzhì	chúxíng	céngjīng
_____	_____	_____	_____
huósāi	zhújiàn	máobìng	juérècéng
_____	_____	_____	_____
rùnhuá	xíngxīngshì	chǐlún	píngxíng
_____	_____	_____	_____
liánggǎn jīgòu	líxīnshì	tiáosùqì	jiéqìfá
_____	_____	_____	_____

·四、课堂表述与讨论

1. 请问图 9-1 所示是什么机械？

图 9-1

2. 请问图 9-2 中的农作物是使用什么机械收割的？

图 9-2

专业进阶板块

一、拓展课文

经过认真研究，瓦特发现纽科门发明的蒸汽机有许多缺陷，主要是燃料耗费太大、机身笨拙、应用范围有限，只能用于矿井抽水和灌溉。为此，瓦特下决心，要造一台比它更好的蒸汽机。

瓦特在 1769 年终于制成了有分离冷式凝器的单动式蒸汽机，并取得了英国的发明专利。这种蒸汽机相比纽科门的蒸汽机有显著的优点，可节省 75% 的燃料。瓦特并没满足于已取得的成就，从 1782 年到 1790 年，又进行了一系列改造发明，使蒸汽机能适用于进行各种机械运动。从此之后，纺织业、采矿业、冶金业、造纸业、陶瓷业等工业部门，都先后采用蒸汽机作为动力了。1807 年，美国人富尔把瓦特的蒸汽机装在了轮船上，从此，航运史中的帆船时代结束了。1814 年，英国人史蒂芬把瓦特的蒸汽机装在了火车上，陆路运输的新时代开始了。19 世纪三四十年代，蒸汽机在欧洲和北美洲被广泛运用，这就是所谓的"蒸汽时代"。

为了纪念瓦特为人类作出的杰出贡献，后人把发电机和电动机的功率计算单位称为"瓦特"。现代家庭的电灯、电暖器、电熨斗的功率都称为"瓦"，这也是"瓦特"的简称。

补充词语

1	quēxiàn	缺陷	defect	défaut
2	ránliào	燃料	fuel	carburant
3	hàofèi	耗费	cost	coûter
4	bènzhuō	笨拙	clumsy	maladroit, e
5	chōu shuǐ	抽水	pump	pomper
6	guàngài	灌溉	irrigate	irriguer
7	dāndòngshì	单动式	single action	à simple effet
8	fāmíng	发明	invention	invention
9	zhuānlì	专利	patent	brevet
10	xiǎnzhù	显著	significant	signifiant, e
11	mǎnzú	满足	be satisfied with	être satisfait, e de
12	yú	于	with	de
13	fǎngzhīyè	纺织业	textile industry	industrie textile
14	cǎikuàngyè	采矿业	mining industry	industrie minière
15	yějīnyè	冶金业	metallurgy	métallurgie
16	zàozhǐyè	造纸业	paper industry	industrie du papier
17	táocíyè	陶瓷业	ceramics	céramique
18	hángyùn	航运	shipping	navigation
19	gōnglǜ	功率	power	puisssance
20	dānwèi	单位	unit	unité
21	diànnuǎnqì	电暖器	electric heater	chauffage électrique
22	diànyùndǒu	电熨斗	electric iron	fer électrique

课后练习

1. 复习短文生词并熟记读音或书写生词。

2. 请看图 9-3 说说图中机械的作用。

图 9-3

3. 请问图 9-4 所示是什么机械？请你介绍一下这种机械在自己国家的使用情况。

图 9-4

4. 请问图 9-5 中农作物的收割需要什么机械？

图 9-5（见书后彩图）

二、仿写练习

【范文】蒸汽机

蒸汽机是将蒸汽的能量转换为机械功的往复式动力机械。蒸汽机的出现曾引起 18 世纪的工业革命。直到 20 世纪初，它仍然是世界上最重要的原动机，后来才逐渐让位于内燃机和汽轮机等。

蒸汽机需要一个使水沸腾产生高压蒸汽的锅炉，这个锅炉可以将木头、煤、石油或天然气，甚至可燃垃圾作为热源。蒸汽膨胀推动活塞做功。

【仿写短文】拖拉机（100个左右汉字）

拖拉机

三、阅读拓展

活塞式内燃机起源于荷兰物理学家惠更斯尝试用火药爆炸获取动力的研究，但因火药燃烧难以控制而未获成功。1794年，英国人斯特里特提出从燃料的燃烧中获取动力，并且第一次提出了燃料与空气混合的概念。1833年，英国人赖特提出了直接利用燃烧压力推动活塞做功的设计。

19世纪中期，科学家完善了将通过燃烧煤气、汽油和柴油等产生的热转化为机械动力的理论。这为内燃机的发明奠定了基础。活塞式内燃机热转化效率高，功率和转速范围大，配套方便，机动性好，所以获得了广泛的应用。全世界各种类型的汽车、拖拉机、农业机械、工程机械、小型移动电站和战车等都以内燃机为动力。

海上商船、内河船舶、常规舰艇，以及某些小型飞机也都由内燃机来推进。世界上内燃机的保有量在动力机械中居首位，它在人类活动中占有非常重要的地位。

补充词语

1	nèiránjī	内燃机	internal combustion engine	moteur à combustion interne
2	qǐyuán	起源	origin	origine
3	Hélán	荷兰	Netherlands	les Pays-Bas
4	huǒyào	火药	gunpowder	poudre à canon

5	bàozhà	爆炸	explode	exploser
6	ránshāo	燃烧	burn	brûler
7	hùnhé	混合	mix	mélanger
8	zhuǎnhuà	转化	convert	convertir
9	diàndìng	奠定	establish	instaurer
10	zhuànsù	转速	rotational speed	vitesse de rotation
11	diànzhàn	电站	power station	centrale électrique
12	zhànchē	战车	chariot	char
13	nèihé	内河	river	fleuve
14	chuánbó	船舶	ship	bateau
15	jiàntǐng	舰艇	navalvessel	vaisseau

课后练习

1. 复习短文生词并熟记读音或书写生词。

2. 请看图 9-6，熟记发动机的结构图以及中文名称。

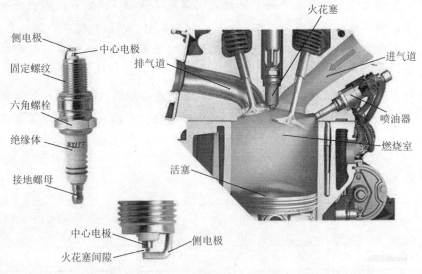

图 9-6

四、课后仿写

选择图 9-7 中的一种农具，仿写一篇 100 个左右汉字的短文。

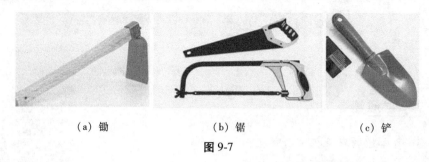

（a）锄　　　　　　　（b）锯　　　　　　　（c）铲

图 9-7

第十课

你知道农业机械的分类吗？

 本课问题导向

1. 你知道的农业机械有哪些？
2. 你的国家适用哪些农业机械？
3. 在你的家乡，农业生产以哪种农机为主？

第十课

专业启动板块

一、词语

1	yúyè	渔业	fishery	pêcherie
2	cánsāng	蚕桑	sericulture	sériciculture
3	yǎngfēng	养蜂	beekeeping	apiculture
4	shíyòng	食用	edible	comestible
5	jūnlèi	菌类	fungus	champignon
6	fùyè	副业	side job	travail d'appoint
7	shuāngqū tuōlājī	双驱拖拉机	double drive tractor	tracteur à double entraînement
8	pēnwùpēnfěnjī	喷雾喷粉机	sprayer duster	pulvérisateur
9	jiēgǎnfěnsuì huántiánjī	秸秆粉碎还田机	straw crushing and returning machine	machine de broyage et de retour de paille
10	dàomàiliánhé shōuhùojī	稻麦联合收获机	rice and wheat combine harvester	moissonneuse-batteuse de riz et de blé

11	dǎyàojī	打药机	sprayer of medicine	pulvérisateur à médecine
12	shīféijī	施肥机	fertilizer applicator	applicateur d'engrais
13	pēnguànjī	喷灌机	sprinkler	arroseur
14	shuǐbèng	水泵	water pump	pompe à eau
15	shōugējī	收割机	harvester	moissonneuse
16	dǎkǔnjī	打捆机	baler	presse à balles
17	hōnggānjī	烘干机	drying machine	séchoir
18	niǎnmǐjī	碾米机	milling machine	fraiseuse
19	yùmǐyuánpánbà	玉米圆盘耙	corn disc harrow	herse à disques de maïs
20	xuángēngjī	旋耕机	rotary machine	machine rotative
21	bōzhǒngjī	播种机	planter	planteur
22	zhōnggēngjī	中耕机	cultivator	cultivateur
23	zhōnggēng zhuīféijī	中耕追肥机	cultivator fertilizer	machine à dresser le dessus du cultivateur
24	jīdòngpēnwùjī	机动喷雾机	motorized sprayer	pulvérisateur motorisé
25	liánhéshōuhuòjī	联合收获机	combine harvester	moissonneuse-batteuse
26	shēnsōng zhěngdìjī	深松整地机	subsoiling machine	machine de sous-solage
27	pēnwùjī	喷雾机	sprayer	pulvérisateur
28	dǎyāngjī	打秧机	rice seedling machine	machine de semis de riz
29	shōuhuòjī	收获机	harvester	moissonneuse
30	fèimójiǎnshíjī	废膜捡拾机	waste film pickup machine	machine de ramassage de film de déchets

31	jīxiètuōkéjī	机械脱壳机	mechanical shelling machine	machine à décortiquer mécanique
32	zhòngzhíjī	种植机	planter	planteur
33	wúrénjī	无人机	drone	drone

二、课文

　　广义的农业机械包括农业机械、林业机械、渔业机械和蚕桑、养蜂、食用菌类培植等农村副业生产所用机械。农业机械具体包括农用动力机械、农田建设机械、土壤耕作机械、种植和施肥机械、植物保护机械、农田排灌机械、作物收获机械、农产品加工机械、畜牧业机械和农业运输机械等。推广农业机械化，可以大大地解放劳动力，提高农业生产的效能。今天我们一起来了解一些农用机械的名称，方便大家学习专业课时进一步掌握它们的机械原理及用途。

　　小麦种植全程机械化设备包括双驱拖拉机、播种机、喷雾喷粉机、秸秆粉碎还田机、稻麦联合收获机。

　　水稻种植全程机械化设备包括拖拉机、犁、旋耕机、打浆机、育秧机、插秧机、打药机、施肥机、喷灌机、水泵、收割机、打捆机、粮食烘干机、碾米机等。

　　玉米种植全程机械化设备包括玉米圆盘耙、旋耕机、播种机、中耕机、中耕追肥机、机动喷雾机、联合收获机等。

　　马铃薯种植全程机械化设备包括深松整地机、播种机、喷雾机、马铃薯打秧机、马铃薯收获机、废膜捡拾机。

　　花生种植全程机械化设备包括旋耕机、花生联合播种机、联合收获机、机械脱壳机。

　　甘蔗种植全程机械化设备包括多功能甘蔗种植机、治虫除草用无人机及收获机。

三、词语练习

　　1. 依据课文填空

　　① 小麦种植全程_____设备包括_____拖拉机、播种机、喷雾喷

粉机、_____粉碎还田机、稻麦_____收获机。

②　水稻种植_____机械化设备包括_____、犁、_____机、打浆机、_____机、插秧机、_____机、施肥机、_____机、水___、收割机、_____机、粮食_____机、_____机等。

③　马铃薯_____全程机械化设备包括_____机、播种机、_____机、马铃薯_____机、马铃薯_____机、废膜_____机。

2. 看拼音写词语

yúyè　　　　cánsāng　　　　yǎngfēng　　　　shíyòng

_____　_____　_____　_____

jūnlèi　　　　fùyè　　　　dǎyàojī　　　　shīféijī

_____　_____　_____　_____

pēnguànjī　　　shuǐbèng　　　shōugējī　　　dǎkǔnjī

_____　_____　_____　_____

hōnggānjī　　　niǎnmǐjī　　　xuángēngjī　　　bōzhǒngjī

_____　_____　_____　_____

zhōnggēngzhuīféijī　jīdòngpēnwùjī　zhōnggēngjī　　yùmǐyuánpánbà

_____　_____　_____　_____

四、课堂表述与讨论

1. 请问图 10-1 所示是什么机械？它在什么时候使用？

图 10-1（见书后彩图）

2. 请问图 10-2 中这种机械由哪几部分组成？

图 10-2（见书后彩图）

专业进阶板块

一、拓展课文

　　拖拉机（tractor）是用于牵引和驱动作业机械完成各项移动式作业的自走式动力机，也可作固定作业的动力。拖拉机虽是一种比较复杂的机器，其机型和大小也各不相同，但它们都是由发动机、底盘和电器设备三大部分组成的，每一部分都是不可或缺的。拖拉机由发动机、传动、行走、转向、液压悬挂、动力输出、电器仪表、驾驶操纵及牵引等系统或装置组成。发动机动力由传动系统传给驱动轮，使拖拉机行驶。现实生活中，较为常见的是以橡胶皮带作为动力传送的媒介。拖拉机按功能和用途，可分为农业、工业和特殊用途等拖拉机；按结构类型，可分为轮式、履带式、船形和自走底盘式拖拉机等。

补充词语

1	qiānyǐn	牵引	traction	traction
2	qūdòng	驱动	drive	conduire
3	fādòngjī	发动机	engine	moteur
4	dǐpán	底盘	chassis	chassis
5	yèyā	液压	hydraulic pressure	pression hydraulique
6	xuánguà	悬挂	suspension	suspension

7	diànqì	电器	electrical appliance	appareil electrique
8	yíbiǎo	仪表	instrument	instrument
9	cāozòng	操纵	manipulation	manipulation
10	zhuāngzhì	装置	device	dispositif
11	chuándòng	传动	transmission	transmission
12	qūdònglún	驱动轮	drive wheel	roue motrice
13	xiàngjiāo pídài	橡胶皮带	rubber belt	courroie en caoutchouc
14	chuánsòng	传送	send	envoyer
15	gōngnéng	功能	function	fonction
16	jiégòu	结构	structure	structure
17	lèixíng	类型	type	type
18	lúnshì	轮式	wheeled	a roues
19	lǚdàishì	履带式	crawler type	sur chenilles
20	chuánxíng	船形	boat shape	forme de bateau
21	zìzǒu	自走	self-propelled	auto-propulseur

课堂练习 ⌄

1. 请写出文中需要熟练掌握的词语。

2. 请朗读短文。

农业机械还可按所用动力及其配套方式分类。农业机械应用的动力可分为两部分：一部分用于农业机械的行走或移动，可分为人力（手提、背负、胸挂和推拉）牵引、畜力牵引、拖拉机牵引和动力自走式等类型；另一部分用于农业机械工作部件的驱动，可分为人力（手摇、脚踏等）驱动、畜力驱动、机电动力驱动（利用内燃机、风力机、电动机等）和拖拉机驱动等类型。在同一台农业机械上，这两部分可以使用相同或不同的动力。按农业机械与拖拉机的配套方式，农业机械可分为牵引、悬挂和半悬挂等类型。

3. 请问图 10-3 所示是什么农作物？它需要使用什么机械收获？

图 10-3 （见书后彩图）

4. 请问图 10-4 中的农产品收获使用什么机械？

图 10-4 （见书后彩图）

二、仿写练习

【范文】耕整机

耕整机是 20 世纪 80 年代初发展起来的一种简单的小型农田机械。它是一种无变速箱的简易单轴拖拉机，功率为 2.21~3.31 kW（3~4.5 马力），适用于田块小、作物"插花"、田块"插花"的农户，在湖南、湖北、广东等省使用较多。

耕整机

【仿写短文】小四轮拖拉机（100个左右汉字）

_____

_____

_____

_____

_____

小四轮拖拉机

三、阅读拓展

　　农业机械要想高质量地发挥机械劳动力的作用离不开农机操作手。因此，优秀的农机手在使用农机前，尤其在出车前往往会对机械做一番检查，以免农机在前行途中出现故障。农机在移动中出现故障，轻则耽误农事的顺利开展，重则可能造成车毁人亡的严重恶果。因此，农机手在出车前一定要做好下面几项检查工作：

　　一看油。主要查看柴油、机油、齿轮油。如果是油刹车还要查看刹车油。当发现这几种油不足时应及时添加。

　　二看水。检查水箱中的冷却水，不足时应及时添加。

　　三看"眼和腿"。"眼睛"就是指拖拉机的照明灯、转向灯等，检查其是否完好有效。"腿"就是指拖拉机的轮胎，主要检查气压是否正常，轮毂、螺栓是否紧固等。

　　四看随车工具。主要指常用的扳手、钳子、千斤顶等工具是否备齐，以防拖拉机在道路上出现故障，因缺少工具而无法排除故障，导致耽误时间。

补充词语

1	fāhuī	发挥	exert	exercer
2	jīxiè	机械	machinical	méchanique
3	láodònglì	劳动力	labor force	force de travail
4	cāozuòshǒu	操作手	operator	opérateur
5	yóuqí	尤其	in particular	en particulier
6	yīfān	一番	some	quelques

7	jiǎnchá	检查	examine	examiner
8	yǐmiǎn	以免	so as not to	pour ne pas
9	túzhōng	途中	on the way	en route
10	gùzhàng	故障	malfunction	panne
11	dānwù	耽误	hold up	retarder
12	chēhuǐ rénwáng	车毁人亡	car crashes and people killed	accidents de voiture et personnes tuées
13	shāchē	刹车	brake	frein
14	tiānjiā	添加	add	ajouter
15	lěngquèshuǐ	冷却水	cooling water	eau de refroidissement
16	qìyā	气压	air pressure	pression de l'air
17	lúngǔ	轮毂	wheel hub	moyeu de roue
18	luóshuān	螺栓	bolt	boulon
19	jǐngù	紧固	fastening	serrage
20	bānshou	扳手	wrench	serre-écrou
21	qiánzi	钳子	pliers	pinces
22	qiānjīndǐng	千斤顶	jack	jack

课后练习

1. 复习短文生词并熟记读音或书写生词。

2. 请看图 10-5 说说这种农具用在什么地方?

图 10-5

四、课后仿写

请根据图 10-6，写一段文字（120 个左右汉字）介绍机械手臂的设计。

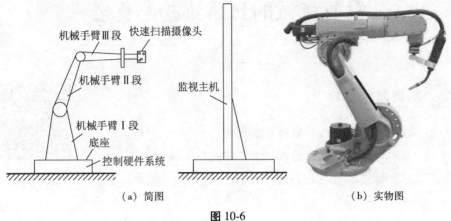

（a）简图　　　　　　　　　　（b）实物图

图 10-6

第十一课
农业机械的日常维护与保养

本课问题导向

1. 农业机械维修时应坚持什么原则？
2. 农机操作人员在使用农机前应该熟练掌握什么技能？
3. 农机维修人员应符合什么要求？

第十一课

专业启动板块

○一、词语

1	wéihù	维护	protect	protéger
2	bǎoyǎng	保养	maintain	entretenir
3	zé	则	but	mais
4	gùzhàng	故障	fault	panne
5	bìmiǎn	避免	avoid	éviter
6	shòumìng	寿命	lifetime	durée de vie
7	fāshēnglǜ	发生率	incidence rate	taux d'incidence
8	yùnyíng	运营	in operation	en opération
9	yùnxíng	运行	run	fonctionner
10	fēngxiǎn	风险	risk	risque
11	jìjiéxìng	季节性	seasonal	saisonnier, ière
12	lìjí	立即	immediately	immédiatement
13	tíngjī	停机	out of service	hors service
14	páichá	排查	check	vérifier

15	zuòyè	作业	operate	opérer
16	guīchéng	规程	procedure	procédure
17	bǎoguǎn	保管	take care of	prendre soin de
18	jiǎnxiū	检修	examine and repair	examiner et réparer
19	dìngqī	定期	regular	habituel
20	jījù	机具	machine and tool	machine et outil
21	xiūfù	修复	repair	réparer
22	huànjiàn	换件	replace a piece	remplacer une pièce
23	yǐjí	以及	as well as	aussi bien que
24	fáng zhòng yú zhì	防重于治	prevention is more important than cure	prévenir est plus important que guérir
25	yǎng zhòng yú xiū	养重于修	nurturing is more important than repairing	nourrir est plus important que réparer
26	qièshí	切实	practical	pratique
27	rányóu	燃油	fuel	carburant
28	xiāohào	消耗	consume	consommer
29	wánhǎo	完好	intact	intact, e
30	pèitào	配套	form a complete set	former un ensemble complet
31	qūyú	趋于	tend to	tendre à
32	nónghù	农户	farmer	agriculteur, trice
33	dàzhōngxíng	大中型	large and medium-sized	de grande et moyenne taille
34	fùhéshì	复合式	compound	composé
35	zhuólì	着力	focus on	concentrer sur
36	lìyònglǜ	利用率	rate of utilization	taux d'utilisation

二、课文

　　农业机械化的使用与推广，能提高农业生产效率，促进农业经济增长。但是农业机械在使用过程中如不能正确加以维护与保养，则会出现机械故障，甚至可能会给使用者造成某种人身伤害。机械故障虽然是不可完全避免的，但是良好的维护与保养可以延长机械寿命，降低故障发生率，降低运营风险，确保农机的持续运行，提高农业生产效率，确保季节性生产及时完成。

　　农机如果出现故障须立即停机，排查故障，只有查明原因并确认已排除故障后才能重新进行生产作业，绝不能因怕花钱而让机器带"病"作业。

　　农机的维护与保养大致可分为两部分内容：一是技术保养，即农机操作人员使用农机时，应熟练掌握农机具操作规程、熟读说明书，避免操作不当造成机械故障，并且做到合理保管、日常检修、定期维护保养。二是修理，如机具主要部件的修复或换件，以及使用到一定期限后进行的中修、大修及检测调整等。

　　农机保养要按照"防重于治、养重于修"的原则，切实执行技术保养规程。燃油动力机械要按主燃油消耗量确定保养周期，按时、按号、按项、按技术要求进行保养，确保机具处于完好的技术状态。农机在维修时应坚持农业机械分类实施、重点领域重点开发的原则，使拖拉机和部分农业机械配套比例趋于平衡，积极鼓励相关农户发展大中型农机和复合式农机，着力改善农机利用率。

三、词语练习

　　1. 依据课文填空

　　① 农业机械在使用过程中如不能正确加以＿＿＿＿与＿＿＿＿，则会出现机械＿＿＿＿，甚至可能会给使用者造成某种人身伤害。机械故障虽然是不可完全＿＿＿＿的，但是良好的维护与保养可以延长机械＿＿＿＿，降低故障＿＿＿＿＿，降低运营＿＿＿＿，确保农机的持续运行，提高农业＿＿＿＿＿，确保＿＿＿＿＿生产及时完成。

　　② 农机如果出现故障须立即＿＿＿＿，＿＿＿＿故障，只有查明原因并确认已排除故障后才能重新进行生产＿＿＿＿，绝不能因怕花钱而让机器带"病"＿＿＿＿。

　　③ 农机操作人员使用农机时，应熟练掌握农机具操作＿＿＿＿、熟读说明书，避免操作不当造成机械故障，并且做到合理＿＿＿＿、日常检修、＿＿＿＿

维护保养。

2. 看拼音写词语

wéihù	bǎoyǎng	gùzhàng	bìmiǎn
____	____	____	____
shòumìng	yùnyíng	fēngxiǎn	guīchéng
____	____	____	____
bǎoguǎn	jiǎnxiū	dìngqī	xiūfù
____	____	____	____
páichá	qièshí	xiāohào	
____	____	____	

四、课堂表述与讨论

1. 根据图 11-1 并联系课文，说说怎么样才能正确操作农机，避免操作故障发生。

出粮口　控制台　柴油机　传输带　脱粒机　耙禾器　橡胶履带　分禾器　割台

图 11-1（见书后彩图）

2. 图 11-2 中的机器出现了故障，但是由于工作量太大，农户为了按时完成工作，仍然坚持作业，这种做法对吗？你认为应该怎么做？

图 11-2（见书后彩图）

3. 图 11-3 所示是拖拉机与其他农业机械配合工作的场景。若这种配套比例较低，会导致什么问题？应该怎么解决这种问题？

图 11-3

专业进阶板块

一、拓展课文

农机维护措施

在农机使用前后做好专业的维护措施，不仅可以降低故障的发生率，而且可以有效延长农机使用寿命。

使用前，严格按照操作说明按部就班地进行操作，检查电路、水箱、油箱、齿轮等是否正常及是否加满水、燃油、机油等；一切准备就绪后，再检测挡位、刹车、连接等是否存在故障；最后，打火空转，保证机械可以正常运转。这些操作的标准与规范是农机保养的基本准则。

使用过程中，农机有故障一般会先有异响，此时要认真对待异响，马上熄火观察。处理故障后，打火试运转，如果故障仍存在，那么必须立即更新部件，将故障缩至最小范围内。同时，经常检查水、燃油、机油等，保证机械有足够的动力、润滑和降温循环水。

使用后，要对机械的所有部件进行清洁处理，并对重要部件进行润滑保养，检查连接、传动、挡位等是否存在障碍等，及时清理和维护保养，使机械处于良好的工作状态。皮带、链条等要按照保养要求规范保养与存放，保持通风干燥。检查是否存在锈蚀问题，做好除锈与保养工作。需要重新涂漆的要及时涂漆，做好防老化工作。

补充词语

1	ànbù-jiùbān	按部就班	do sth. according to routine	faire qch. selon la routine
2	diànlù	电路	circuit	circuit
3	chǐlún	齿轮	gear	engrenage
4	jiùxù	就绪	ready	prêt，e
5	dǎngwèi	挡位	gear	grade
6	shāchē	刹车	brake	frein
7	zhǔnzé	准则	criterion	critère
8	dǎ huǒ	打火	launch	lancer
9	yìxiǎng	异响	abnormal sound	bruit anormal
10	xī huǒ	熄火	flame out	s'éteindre
11	pídài	皮带	leather belt	ceinture
12	tú qī	涂漆	paint	peindre
13	lǎohuà	老化	age	vieillir

课堂练习

1. 请熟练掌握以下词语。

严格按照　　按部就班　　就绪　　基本准则　　异响　　　润滑

认真对待　　部件　　　　清洁　　通风　　　　干燥　　　老化

2. 请朗读短文，并回答问题。

（1）农机使用前应该做哪些工作？

（2）农机使用过程中应该注意哪些问题？

（3）农机使用后应该如何保养？

3. 请朗读下面关于"农机'三包'服务"的一段文字。

农机专业维护是"三包"服务基础上的一种新的农机维护的服务形式，过去的"三包"服务主要是指厂家在维修期内为农机具客户提供免费的维修、维护服务，而现在的农机专业维护是指农机具在过了"三包"免费服务期限后的一种有偿服务，由专业的维修队伍定期对农机具进行维修和维护。

二、仿写练习

【范文】农机维护

　　为了保证农业机械自身状态的正常运行，首先，要做好使用前的准备，以确保农机处于良好的工作状态，避免故障的发生。其次，要注意对农机的保养，以免故障的发生。最后，农民在使用农业机械时要正确操作，以确保农机具处于完好的技术状态，并延长其使用寿命。

【仿写短文】农机操作（100 个左右汉字）

_____

_____

_____

_____

三、阅读拓展

　　免费开通的农机检测是提高农机维护保养效果的一个有效途径。农机推广站有应用操作简便、检测结果可靠性高的检测设备，可对农民的机械进行免费检测，并提供多层次的检测服务，必要时还提供个性化订制服务。通过检测，农机的综合工作状态透明化，操作员更了解农机易发生故障部件的现状，从而积极主动地进行维护保养。检测需要多方配合才能完成，首先需要当地农机推广站的横向配合，将农机集中在一起进行现场检测；其次，检测时间最好安排在农忙前，鼓励检测员到农村田间进行现场检测，从而更好地了解农机的工作状态；最后，将检测工作融入农机年检工作中，从而使检测工作落实到位，发现严重问题的农机，要强制维护保养，然后方可进行年检。这三方面的措施，可使农业机械操作员养成爱护农机、养护农机的好习惯。

补充词语

1	tújìng	途径	way	façon
2	gèxìnghuà	个性化	individualization	individualisation
3	dìngzhì	订制	customize	personnaliser
4	tòumínghuà	透明化	hyalinize	vitrifier
5	pèihé	配合	coordinate/cooperate	coordonner/coopérer

6	héngxiàng	横向	horizontal	horizontal, e
7	luòshí	落实	carry out	mettre en place
8	dàowèi	到位	in place	en place
9	qiángzhì	强制	enforce	obliger
10	niánjiǎn	年检	annual inspection	inspection annuelle

课后练习

1. 复习短文生词并熟记读音或书写生词。

2. 阅读短文并回答下列问题。

（1）农机推广站的作用是什么？

（2）什么时候安排农机检测最合适？

（3）对发现严重问题的农机应该怎么办？

四、课后仿写

选择图 11-4 中的任一图，仿写一篇 100 个左右汉字的关于农机检修步骤的短文。

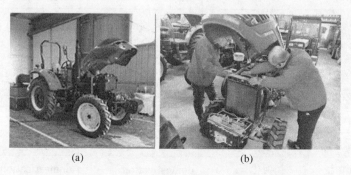

(a)　　　　　　　　　(b)

图 11-4

第十二课
世界农业发展史

本课问题导向

1. 世界农业发展史大体可以分为几个时期？

2. 每个时期的农业各有什么特点？

3. 现代农业面临的迫切问题之一是什么？对解决这个迫切问题，你有什么建议？

第十二课

专业启动板块

一、词语

1	fāzhǎnshǐ	发展史	development history	historie du développement
2	jiù… éryán	就……而言	in terms of	sur le plan de
3	dàtǐ	大体	in general	en général
4	yuánshǐ	原始	original	original，e
5	gè yì	各异	different from each other	différents l'un de l'autre
6	xùnyǎng	驯养	domesticate	domestiquer
7	fánzhí	繁殖	breed	élever
8	lìshí	历时	last	durer
9	yěshēng	野生	wild	sauvage
10	xùnhuà	驯化	domestication	domestication
11	jiāchù	家畜	livestock	bétail

12	féiliào	肥料	fertilizer	engrais
13	píngjiè	凭借	by virtue of	en vertu de
14	jīngyàn	经验	experience	expérience
15	chuánchéng	传承	inherit	hériter
16	guòdù	过渡	transition	transitionner
17	zhuǎnbiàn	转变	transform	transformer
18	zhuāngbèi	装备	equipment	équipement
19	shíyàn	实验	experiment	expérience
20	móshì	模式	pattern	pattern
21	biāozhì	标志	sign	signe
22	zhuózhòng	着重	stress	se concentrer
23	huàféi	化肥	chemical fertilizer	engrais chimique
24	nóngyào	农药	pesticide	pesticide
25	shuǐlì	水利	water conservancy	conservation de l'eau
26	guàngài	灌溉	irrigate	irriguer
27	shēngchǎnlǜ	生产率	productivity	productivité
28	tóufàng	投放	put in	mettre dedans
29	miànjī	面积	area	superficie
30	néngliàng	能量	energy	énergie
31	zhúnián	逐年	year by year	année par année
32	bāohán	包含	include	comprendre
33	huánjìng	环境	environment	environnement
34	wūrǎn	污染	pollution	pollution
35	rìyì	日益	increasingly	de plus en plus
36	miànlín	面临	be confronted with	être confronté à
37	pòqiè	迫切	imminent	urgent

二、课文

　　世界农业发展史，就其主要特征而言，大体可分为原始农业、传统农业和现代农业三个时期，每个时期农业的特点不同、生产力水平各异，其内部结构、与外部的联系及对世界经济的影响也有很大差别。

（一）原始农业时期

大约一万年前，人类在逐步学会驯养、繁殖动物和种植谷物时，就进入了原始农业阶段，历时达六七千年之久。当时人类的突出成就是对野生动植物的驯化和培育。今天我们常见的主要家畜和作物，大多在 4000 年以前就基本完成了驯化和培育。

（二）传统农业时期

传统农业使用铁质、木质农具，利用人力、畜力、水力、风力和自然肥料，凭借直接经验从事生产活动。这一时期，农业是通过经验传承的方式来应用并有所发展的。18 世纪中期，西方的传统农业开始向现代农业过渡；而东方国家却是在较晚的时候才开始这一转变。

（三）现代农业时期

以工业技术为装备、以实验科学为指导从事商品生产的农业模式，就是现代农业的标志。它着重依靠的是机械、化肥、农药和水利灌溉等技术。由于现代农业劳动生产率的提高，农业人口逐年减少，但投放在单位面积上的能量却逐年增加。在有些国家，其投入量甚至已经大于所生产食物包含的能量；同时，其对环境的污染也日益加重，这已成为现代农业面临的迫切需解决的问题之一。

三、词语练习

1. 依据课文填空

① 世界农业发展史，_____其主要特征_____，大体可分为原始农业、传统农业和现代农业三个时期。原始农业时期，人类在逐步学会_____、_____动物和种植谷物时，就进入了原始农业阶段。当时人类的突出成就是对_____动植物的_____和培育。今天我们常见的主要_____和作物，大多在 4000 年以前就基本完成了驯化和培育。

② 传统农业使用铁质、木质_____，利用人力、畜力、水力、风力和自然肥料，凭借直接_____从事生产活动。这一时期，农业是通过经验_____的方式来应用并有所发展的。

③ 以工业_____为装备、以_____科学为指导从事_____生产的农业模式，就是现代农业的标志。它_____依靠的是机械、化肥、农药和水利灌溉等技术。

2. 看拼音写词语

xùnyǎng	yuánshǐ	fánzhí	jiāchù
_____	_____	_____	_____

jīngyàn	píngjiè	chuánchéng	guòdù
_____	_____	_____	_____

zhuózhòng	huàféi	nóngyào	guàngài
_____	_____	_____	_____

shēngchǎnlǜ	miànjī	miànlín	
_____	_____	_____	

四、课堂表述与讨论

1. 请观察图 12-1，说说图中人们在干什么。根据课文内容判断这时的农业属于哪个发展阶段，有什么突出成就。

图 12-1

2. 请观察图 12-2，根据课文内容说说图中的人们是怎么进行农业生产的。这时的农业属于哪个发展阶段，这个阶段的农业有什么特点？

图 12-2

3. 请观察图 12-3，根据课文内容说说图中所示农业生产主要依靠什么，并判断这时的农业属于哪个发展阶段，这个阶段的农业面临的主要问题是什么？

图 12-3

专业进阶板块

一、拓展课文

绿色农业

　　绿色农业是传统农业和现代农业的有机结合，以高产、稳产、高效为目标。它不仅增加了劳力、机械、设备等农用生产资料的投入，还增加了科学技术、信息、人才等软投入，具有鲜明的时代特征。

　　绿色农业不是传统农业的回归，也不是对生态农业、有机农业、自然农业等的否定，而是避免了传统农业的种种弊端、对各种农业形式取长补短、内涵丰富的一种新型农业。它的优势是节约能源和资金、精耕细作、人畜结合、施用有机肥、避免环境污染。

　　绿色农业既是改善生态环境、提高人们健康水平的环保产业，同时也是需要支援和保护的产业。尽管尚未立法，但是作为绿色农业的特殊产品，绿色食品是在极其严格的质量标准控制下生产的，因此，绿色食品较其他农产品更具有安全性。

　　绿色农业是贫困地区脱贫致富的有效途径。贫困地区实施绿色食品开发产业，将原料转化为产品，绿色产业快速发展，工农业污染程度减轻，环境更加洁净，区域经济得以振兴。

补充词语

1	tóurù	投入	investment	investissement
2	shēngtài	生态	ecology	écologie
3	bìduān	弊端	disadvantage	désavantage
4	qǔcháng-bǔduǎn	取长补短	learn from each other	apprendre les uns des autres
5	nèihán	内涵	connotation	connotation
6	jīnggēng-xìzuò	精耕细作	intensive farming	agriculture intensive
7	huánbǎo	环保	environmental protection	protection environnementale
8	zhīyuán	支援	support	soutenir
9	lì fǎ	立法	legislation	législation
10	tuōpín zhìfù	脱贫致富	get rid of poverty and become better off	se débarrasser de la pauvreté et devenir riche
11	tújìng	途径	way	moyen
12	yuánliào	原料	raw material	matière première
13	jiéjìng	洁净	clean	propre
14	qūyù	区域	region	région
15	zhènxìng	振兴	revitalization	revitalization

课堂练习

1. 请熟练掌握以下词语。

绿色农业　生态农业　弊端　取长补短　内涵丰富　环保
精耕细作　人畜结合　途径　脱贫致富　原料　区域经济

2. 请朗读短文，并回答问题。

（1）什么是绿色农业？

（2）为什么绿色食品较其他农产品更具有安全性？

（3）为什么说绿色农业具有鲜明的时代特征？

3. 请朗读下面关于绿色农业的一段文字。

绿色农业既充分利用人类文明进步特别是科技发展的一切优秀成果，依靠科技进步、物质投入等提高农产品的综合生产能力，又重视农产品的品质和卫生安全，以满足人类对农产品的质量和数量要求，体现了开放兼容的特点。

二、仿写练习

【范文】原始农业

原始农业属于农业发展的最初阶段，是在原始的自然条件下，采用简陋的石器、棍棒等生产工具，从事简单农事活动的一种农业形式。其特征是使用简陋的石制工具，采用粗放的刀耕火种的耕作方法，实行以简单协作为主的集体劳动。

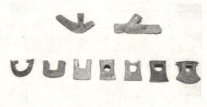

原始农具

【仿写短文】现代农业（100个左右汉字）

_____

_____

_____

_____

三、阅读拓展

生态农业是指在保护、改善农业生态环境的前提下，遵循生态学、生态经济学规律，运用系统工程方法和现代科学技术，集约化经营的农业发展模式。生态农业是一个农业生态经济复合系统，将农业生态系统同农业经济系统有机统一起来，以取得最大的生态经济整体效益。它既是农、林、牧、副、渔各业综合的大农业，又是农业生产、加工、销售综合一体，适应市场经济发展的现代农业。

生态农业要求农业发展同其资源、环境及相关产业协调发展，强调因地、因时制宜，以便合理布局农业生产力，打造最佳生态环境，实现优质高产高效生产。生态农业能合理利用和增殖农业自然资源，重视提高太阳能的利用率和生物能的转换率，使生物与环境之间形成最优化配置，并具有合理的农业生态经济结构，使生态与经济良性循环，增强生物抗御自然灾害的能力。

补充词语 ⌄⌄

1	zūnxún	遵循	abide by	respecter
2	shēngtàixué	生态学	ecology	écologie
3	jīngjìxué	经济学	economics	économie
4	xìtǒng gōngchéng	系统工程	system engineering	ingénierie des systèmes
5	jíyuēhuà jīngyíng	集约化经营	intensive operation	fonctionnement intensif
6	móshì	模式	model	modèle
7	xiàoyì	效益	benefit	avantage
8	xiétiáo	协调	coordinate	coordonner
9	yīnshí-zhìyí	因时制宜	do the right thing at the right time	faire la bonne chose au bon moment
10	bùjú	布局	overall arrangement	disposition générale
11	yōuzhì	优质	high quality	haute qualité
12	zēngzhí	增殖	proliferate	proliférer
13	kàngyù	抗御	resist and defend	resister et défendre

课后练习 ⌄⌄

1. 复习短文生词并熟记读音或书写生词。

2. 阅读短文并回答下列问题。

（1）什么是生态农业？

（2）做好生态农业有哪些要求？

（3）实施生态农业有哪些好处？

四、课后仿写

选择图 12-4 中的一种农业，仿写一篇 100 个左右汉字的说明文。

(a)   (b)

图 12-4

机械知识

农机操作篇

第十三课

农用动力机械及其原理

 本课问题导向

1. 农业机械总动力主要指哪些？
2. 内燃机的工作循环包括哪些过程？
3. 你知道四冲程发明过程的故事吗？

第十三课

专业启动板块

一、词语

1	xùmùyè	畜牧业	animal husbandry	élevage
2	zǒnghé	总和	sum	somme
3	gēngzuò	耕作	plowing	culture
4	páiguàn	排灌	irrigation and drainage	arrosage et drainage
5	shōuhuò	收获	harvest	récolte
6	yùnshū	运输	transportation	transport
7	zhíwù	植物	plant	plante
8	bǎohù	保护	protection	protection
9	rénlì	人力	manpower	main d'œuvre
10	chùlì	畜力	animal power	la force animale
11	shēngchǎnlǜ	生产率	productivity	productivité
12	jiǎnqīng	减轻	ease	atténuer
13	qiángdù	强度	intensity	intensité

14	zēngqiáng	增强	enhance	améliorer
15	dǐkàng	抵抗	resist	résister
16	diàndòngjī	电动机	electric motor	moteur électrique
17	shuǐlúnjī	水轮机	water turbine	turbine hydraulique
18	fēnglìjī	风力机	wind turbine	moteur éolien
19	cháiyóujī	柴油机	diesel engine	moteur diesel
20	qìyóujī	汽油机	gasoline engine	moteur à essence
21	méiqìjī	煤气机	gas machine	moteur à gaz
22	yètǐ	液体	liquid	liquide
23	ránliào	燃料	fuel	carburant
24	huósāishì	活塞式	piston type	de type piston
25	qìgānggài	气缸盖	cylinder head	culasse
26	qìgāngtào	气缸套	cylinder liner	chemise de cylindre
27	liángǎn qūzhóu	连杆曲轴	connecting rod crankshaft	vilebrequin bielle
28	ránliàoxì	燃料系	fuel system	système de carburant
29	lěngquèxì	冷却系	cooling system	système de refroidissement
30	fēilún	飞轮	flywheel	volant
31	jīxiènéng	机械能	mechanical energy	énergie mécanique
32	yāsuō	压缩	compress	compresser
33	péngzhàng	膨胀	swell	gonfler
34	chōngchéng	冲程	stroke	course
35	qìgāng	气缸	cylinder	cylindre
36	wùhuà	雾化	atomize	atomiser
37	hùnhéqì	混合气	mixed gas	gaz mélangé
38	shíyóubànshēngqì	石油伴生气	oil associated gas	gaz associé au pétrole

| 39 | yèhuàshíyóuqì | 液化石油气 | liquefied petroleum gas | gaz de pétrole liquéfié |
| 40 | fāshēnglúméiqì | 发生炉煤气 | a special gas from furnace | un gaz spécial de fournaise |

二、课文

　　农业机械总动力主要是指用于农业、林业、畜牧业和渔业的各种动力机械的动力总和，包括耕作机械、排灌机械、收获机械、农用运输机械、植物保护机械、牧业机械、林业机械、渔业机械和其他农业机械。

　　在农林牧渔等作业中用机电动力代替人力和畜力，可提高劳动生产率、减轻人工劳动强度、增强抵抗自然灾害的能力，并及时完成各项生产作业，对产量的提高具有显著作用。

　　常用的农业机械有各种内燃机、拖拉机、电动机、水轮机、风力机等。农用内燃机主要有柴油机、汽油机、煤气机等。

　　全部使用液体或气体燃料的往复活塞式内燃机，由机体、气缸盖、气缸套、活塞、连杆曲轴、配气机构、燃料系、冷却系、飞轮、起动装置等组成。燃料在气缸内燃烧，放出热能，推动活塞做往复运动，使热能转变为机械能。内燃机的工作循环包括进气、压缩、膨胀、排气等过程。活塞在两次转换运动方向之间的行程为一个冲程。按每一工作循环的冲程数，气缸可分为四冲程和二冲程两类；按点火方式，气缸可分为点燃式和压燃式两种。最常用的农用内燃机为四冲程柴油机，其次为四冲程汽油机。

　　农用柴油机多为四冲程柴油机。四冲程汽油机的四个冲程与四冲程柴油机相同，但在进气冲程进入气缸的是雾化后的汽油同空气的混合气。煤气机是使用天然气、石油伴生气、液化石油气和发生炉煤气等气体燃料的内燃机。

三、词语练习

　　1. 依据课文填空

　　① 农业_____总动力主要是指用于_____、林业、畜牧业和渔业的各种动力机械的动力_____，包括耕作机械、排灌机械、_____机械、农用运输机械、植物_____机械、牧业机械、_____机械、渔业机械和其他农业机械。

　　② 农用_____多为_____柴油机。四冲程汽油机的四个冲程与四冲程柴油机_____，但在进气冲程进入气缸的是_____后的汽油同空气

的混合气。煤气机是使用_____、石油伴生气、液化石油气和发生炉煤气等气体燃料的内燃机。

2. 看拼音写词语

cháiyóujī	qìyóujī	méiqìjī	diàndòngjī
_____	_____	_____	_____

shuǐlúnjī	fēnglìjī	yètǐ	ránliào
_____	_____	_____	_____

huósāishì	qìgānggài	qìgāngtào	liángǎn qūzhóu
_____	_____	_____	_____

ránliàoxì	lěngquèxì	fēilún	jīxiènéng
_____	_____	_____	_____

yāsuō	péngzhàng	chōngchéng
_____	_____	_____

四、课堂表述与讨论

1. 请问图 13-1 中是什么机械？它在什么时候使用？

图 13-1（见书后彩图）

2. 请问图 13-2 中这种机械的工作步骤是什么？

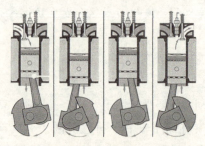

图 13-2（见书后彩图）

专业进阶板块

一、拓展课文

四冲程发明过程

大部分汽车使用的汽油发动机都是四冲程的，也就是在一个运行周期里面曲轴转两圈，活塞连杆经历进气、压缩、做功、排气四个冲程，这种运行方式是1876年由德国人奥托发明的。这里要重点说明一下，这种发动机的压缩比和膨胀比是一样的。

发动机在排气冲程中会把很大一部分能量浪费掉。英国人詹姆士·阿特金森在奥托发动机基础上做了改进，1882年阿特金森发明了发动机新的循环方式，目的是使膨胀比大于压缩比，这样可以非常有效地改善发动机的效率，利用被浪费的能量，提升燃油的经济性。但是由于阿特金森循环使用复杂的曲柄连杆机构，导致发动机的成本大幅度提高，故障率也升高了，所以他的发明并未能在汽车上得到普及。

1940年美国工程师米勒发明了另一种可以使膨胀比大于压缩比的发动机，也称为米勒循环。这种发动机是通过改变进气门关闭的时间来减小压缩比的，具体方法是将进气门的关闭时间延迟到压缩冲程的某个位置，这样在关闭进气门之前活塞已经离开下止点了，真正的压缩比就要从进气门关闭时活塞所处的位置开始计算，这样就使得实际的压缩比小于从下止点就开始计算的压缩比，而做功冲程的距离并没有改变，也就是说做功冲程的距离大于真正的压缩冲程的距离。

补充词语

1	yùnxíng	运行	run	marcher
2	zhōuqī	周期	period	période
3	yāsuōbǐ	压缩比	compression ratio	ratio de compression
4	péngzhàngbǐ	膨胀比	expansion ratio	ratio d'expansion
5	néngliàng	能量	energy	énergie

6	làngfèi	浪费	waste	gâcher
7	diào	掉	used after a verb to indicate the result of an action	utilisé après un verbe pour indiquer le résultat d'une action
8	jīchǔ	基础	foundation	base
9	jīgòu	机构	mechanism	mécanisme
10	dǎozhì	导致	lead to	mener à
11	chéngběn	成本	cost	coût
12	fúdù	幅度	amplitude	amplitude
13	gùzhànglǜ	故障率	failure rate	taux d'échec
14	yánchí	延迟	delay	retarder
15	mǒu gè	某个	a certain…	un certain
16	wèizhì	位置	location	location
17	xiàzhǐdiǎn	下止点	bottom dead center	point mort bas

课堂练习 ⌄⌄

1. 请写出上文中你觉得需要熟练掌握的词语。

2. 请朗读下面的短文。

压缩比是发动机中一个非常重要的概念，压缩比表示了气体的压缩程度，它是气体压缩前的容积与气体压缩后的容积之比，即气缸总容积与燃烧室容积之比。通常汽油机的压缩比为6～10；柴油机的压缩比较高，一般为16～22。

3. 请问图 13-3 所示的四冲程是谁发明的？

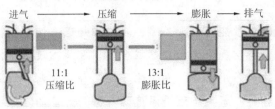

进气 ——→ 压缩 ——→ 膨胀 ——→ 排气

11:1 压缩比　　　13:1 膨胀比

图 13-3

4. 请读出图 13-4 中汽油机部件的汉语名称。

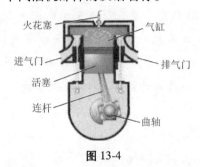

火花塞　气缸
进气门　排气门
活塞
连杆　曲轴

图 13-4

二、课堂仿说或仿写练习

【范文】割草机

割草机

　　割草机主要由切割器、割刀传动装置、切割器提升装置、安全装置和挡草装置等部件组成。割草机利用汽油机的动力，通过传动系统带动割草旋盘高速旋转，使装在旋盘上的刀片同步调整旋转，产生一定的切割力，把杂草切断，起到除草的作用。

【仿写短文】电动打包机（100 个左右汉字）

_____

_____

_____

_____

_____

电动打包机

·三、阅读拓展

　　压缩比与发动机性能有很大关系，我们都知道汽油发动机在运转时，吸进来的通常是汽油与空气混合而成的混合气，在压缩过程中活塞上行，除了挤压混合气使之体积缩小之外，也发生了涡流和紊流两种现象。当密闭容器中的气体受到压缩时，压力是随着温度的升高而升高的。若发动机的压缩比较高，压缩时所产生的气缸压力与温度相对提高，混合气中的汽油分子能汽化得更完全，颗粒能更细密，再加上涡流和紊流效果与高压缩比所得到的密封效果，使得在下一刻运动中，当火花塞跳出火花时能使得这混合气在瞬间完成燃烧的动作，释放出最大的爆发能量，成为发动机的动力输出。反之，燃烧的时间延长，能量会耗费并增加发动机的温度而并非参与发动机动力的输出，所以我们就可以知道，高压缩比的发动机意味着可具有较大的动力输出。

补充词语

1	hùnhéqì	混合气	mixed gas	gaz mélangé
2	jǐyā	挤压	extrude	extruder
3	tǐjī	体积	volume	volume
4	suōxiǎo	缩小	shrink	se réduire
5	wōliú	涡流	vortex	vortex
6	wěnliú	紊流	turbulence	turbulence
7	mìbì	密闭	airtight	hermétique
8	róngqì	容器	container	récipient
9	kēlì	颗粒	particle	particule
10	xìmì	细密	meticulous	méticuleux, se
11	mìfēng	密封	seal	sceller
12	shùnjiān	瞬间	instantaneously	instantanément
13	shìfàng	释放	release	libérer
14	bàofā	爆发	outburst	explosion
15	néngliàng	能量	energy	énergie
16	hàofèi	耗费	cost	coûter

17	bìngfēi	并非	not	ne pas
18	cānyù	参与	participate	participer
19	yìwèi	意味	mean	signifier

课后练习

1. 复习短文生词并熟记读音或书写生词。

2. 请看图说说碎纸机的使用步骤。

碎纸机

三、课后仿说

选择图 13-5 中的一种农用机械，仿写一篇 100 个左右汉字的短文。

  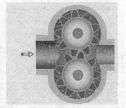

(a) 柴油四驱装载机　　　　(b) 打包机　　　　(c) 齿轮泵

图 13-5（见书后彩图）

第十四课

拖拉机及其构造

 本课问题导向

1. 你知道拖拉机有哪些机型吗？
2. 如何使用拖拉机？
3. 在你的家乡，农田耕种以哪种拖拉机为主？

第十四课

专业启动板块

一、词语

1	shìtú	试图	try	essayer
2	gǎiliáng	改良	improve	améliorer
3	zhēngqìjī	蒸汽机	steam engine	machine à vapeur
4	dànshēng	诞生	birth	naissance
5	chuàngbàn	创办	found	fonder
6	lǚdàishì	履带式	crawler type	sur chenilles
7	lúnshì	轮式	wheeled	à roues
8	chuàngzào	创造	create	créer
9	pǔxiě	谱写	compose	inaugurer
10	piānzhāng	篇章	chapter	chapitre
11	jīxíng	机型	model	maquette
12	fādòngjī	发动机	engine	moteur
13	dǐpán	底盘	chassis	châssis
14	diànqì shèbèi	电器设备	electrical equipment	équipement électrique

15	zhuāngzhì	装置	device	dispositif
16	qí	其	its	son, sa, ses
17	jiāng	将	about to …	pour exprimer l'action future
18	ránliào	燃料	fuel	carburant
19	rènéng	热能	thermal energy	énergie thermique
20	zhuǎnbiàn	转变	transformation	transformation
21	wéi	为	to	à
22	jīxiènéng	机械能	mechanical energy	énergie mécanique
23	shūchū	输出	output	production
24	chuándì	传递	pass on	transmettre
25	qūdònglún	驱动轮	driving wheel	roue motrice
26	yídòng	移动	move	se déplacer
27	zuòyè	作业	operation	opération
28	gùdìng	固定	fix	fixe
29	zhàomíng	照明	illumination	éclairage
30	xìnhào	信号	signal	signal
31	qǐdòng	启动	start up	démarrer
32	qiānyǐn	牵引	drag	traîner
33	qūdòng	驱动	drive	conduire

二、课文

自古以来，人们一直试图以机械力代替人力和畜力进行农田耕作，但直到 19 世纪改良蒸汽机出现，才使动力型农业机械的诞生成为可能。法国的阿拉巴尔特和美国的 R. C. 帕尔文分别在 1856 年和 1873 年发明了最早的蒸汽动力拖拉机。1889 年，美国造出了世界上第一台使用汽油内燃机的农用拖拉机。1906 年，霍尔特创办的拖拉机制造公司又制造出世界上最早的以汽油内燃机为动力的履带式拖拉机。1958 年，中国第一台轮式蒸汽拖拉机问世，被命名为"创造号"，谱写了国产拖拉机的发展篇章。

拖拉机虽是一种比较复杂的机器，其机型和大小也各不相同，但它们都由发动机、底盘和电器设备三大部分组成，每一项都是不可或缺的。发动机是拖拉机产生动力的装置，其作用是将燃料的热能转变为机械能向外输出动力。底盘是拖拉机传递动力的装置，其作用是将发动机的动力传递给驱动轮和工作装置，使拖拉机行驶，并完成移动作业或固定作业。电器设备是解决照明、发出安全信号和发动机启动的装置。

拖拉机是用于牵引和驱动作业机械完成各项移动式作业的自走式动力机；也可作固定作业的动力。按功能和用途，拖拉机分为农业、工业和特殊用途等拖拉机；按结构类型，拖拉机分为轮式、履带式、船形和自走底盘式拖拉机等。

三、词语练习

1. 依据课文填空

① 1889 年，美国造出了世界上第一台使用汽油内燃机的农用_____。1906 年，霍尔特_____的拖拉机制造公司又制造出世界上最早的以汽油内燃机为动力的_____式拖拉机。1958 年，中国第一台_____蒸汽拖拉机问世，被命名为"_____号"，_____了国产拖拉机的发展_____。

② 拖拉机是用于_____和_____作业机械完成各项_____式作业的_____式动力机；也可作固定作业的动力。按功能和用途，拖拉机分为农业、工业和特殊用途等拖拉机；按结构_____，拖拉机分为轮式、履带式、_____和_____底盘式拖拉机等。

2. 看拼音写词语

zhēngqìjī	dànshēng	chuàngbàn	lǚdàishì
_____	_____	_____	_____
lúnshì	chuàngzào	pǔxiě	piānzhāng
_____	_____	_____	_____
jīxíng	fādòngjī	dǐpán	diànqì shèbèi
_____	_____	_____	_____
zhuāngzhì	jīxiènéng	shūchū	chuándì
_____	_____	_____	_____
qūdònglún	yídòng	zhàomíng	xìnhào
_____	_____	_____	_____

四、课堂表述与讨论

1. 请问图 14-1 中是什么农用机械？它在你的家乡的普及程度如何？

图 14-1

2. 请问图 14-2 中的零部件是做什么用的？

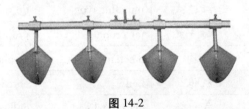

图 14-2

专业进阶板块

一、拓展课文

内燃机是一种动力机械。它是通过使燃料在机器内部燃烧，将燃料放出的热能直接转换为机械能的热力发动机。

广义上的内燃机不仅包括往复活塞式内燃机、旋转活塞式发动机和自由活塞式发动机，而且包括旋转叶轮式的燃气轮机、喷气式发动机等，但通常所说的内燃机是指活塞式内燃机。

活塞式内燃机以往复活塞式最为普遍。往复活塞式内燃机的组成部分主要有曲柄连杆机构、机体和气缸盖、配气机构、供油系统、润滑系统、冷却系统、启动装置等。活塞组由活塞、活塞环、活塞销等组成。活塞呈圆柱形，上面装有活塞环，借以在活塞往复运动时密闭气缸。上面的几道活塞环称为气环，用来封闭气缸，防止气缸内的气体泄漏；下面的环称为油环，用来将气缸壁上多余的润滑油刮下，防止润滑油窜入气缸。活塞销呈圆筒形，穿入活塞上的销孔和连杆小头中，将活塞和连杆连接起来。连杆大头端分成两半，由连杆螺钉连接，与曲轴的曲柄销相连。连杆工作时，连杆小头端随活塞做往复运动，连杆大头端随曲柄销绕曲轴轴线做旋转运动，连杆大小头间的杆身做复杂的摇摆运动。

补充词语

1	shǐ	使	make	faire
2	guǎngyì	广义	in a board sense	au sens large
3	xuánzhuǎn	旋转	rotate	tourner
4	yèlúnshì	叶轮式	impeller type	de façon turbine
5	pēnqìshì	喷气式	jet propelled	propulsé par jet
6	jīgòu	机构	mechanism	méchanisme
7	jītǐ	机体	body	corps
8	qìgānggài	气缸盖	cylinder head	culasse
9	gōngyóu	供油	oil supply	l'approvisionnement en pétrole
10	xìtǒng	系统	system	système
11	rùnhuá	润滑	lubricating	lubrifiant
12	huósāihuán	活塞环	piston ring	segment de piston
13	huósāixiāo	活塞销	piston pin	axe de piston
14	yuánzhùxíng	圆柱形	cylinder	cylindre
15	mìbì	密闭	airtight	hermétique
16	xièlòu	泄漏	leakage	fuite
17	bìshàng	壁上	on the wall	sur le mur
18	duōyú	多余	redundant	redondant, e
19	rùnhuáyóu	润滑油	lubricating oil	huile de graissage
20	guāxià	刮下	scrape off	gratter
21	fángzhǐ	防止	prevent	empêcher
22	cuànrù	窜入	sneak in	entrer furtivement

23	luódīng	螺钉	screw	vis
24	qūbǐngxiāo	曲柄销	crank pin	maneton
25	zhóuxiàn	轴线	axis	axe
26	yáobǎi	摇摆	swing	se balancer

课堂练习 ⌄

1. 请写出上文中你觉得需要熟练掌握的词语。

2. 请朗读下面的短文。

内燃机的排气过程和进气过程统称为换气过程。换气的主要作用是尽可能把上一循环的废气排除干净，使本次循环尽可能多地进入新鲜气体，尽可能地让燃料在气缸内完全燃烧，从而产生更大的功率。换气过程的好坏直接影响内燃机的性能。

3. 请读出图 14-3 中的专业词语，并说出整个部件的名称。

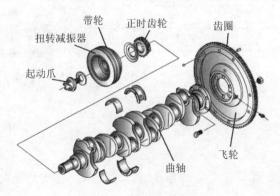

带轮　正时齿轮　齿圈
扭转减振器
起动爪
曲轴
飞轮

图 14-3（见书后彩图）

4. 请问图 14-4 所示的双质量飞轮有什么功能？

图 14-4

二、课堂仿说或仿写练习

【范文】双质量飞轮

双质量飞轮将原来的一个飞轮分成两个部分：一部分保留在原来发动机一侧的位置上，发挥原来飞轮的作用，用于起动和传递发动机的转动扭矩，这一部分称为第一质量（初级质量）；另一部分则放置在传动系变速器一侧，用于提高变速器的转动惯量，这一部分称为第二质量（次级质量）。两部分飞轮之间有一个环形的油腔，在腔内装有弹簧减振器，由弹簧减振器将两部分飞轮连接为一个整体。

【仿写短文】汽车离合器（100 个左右汉字）

_____

_____

_____

_____

_____

_____

汽车离合器

三、阅读拓展

飞轮对于发动机来说是必须存在的，不过不同类型的发动机飞轮的大小和形状是不同的。一般来说，发动机缸数越少，飞轮的尺寸及质量越大；发动机缸数越多，飞轮的尺寸及质量越小。传统的飞轮是一个整体零件，可以帮助发动机平稳运行，但是不具备减振功能，发动机的振动会直接传递给传动系统，传动系统的振动也会反馈给发动机，从而影响发动机和传动系统的平稳运行。因此，汽车工程师发明了双质量飞轮。所谓的双质量飞轮，是指将原来的一个飞轮分成两个部分：一部分保留在原来发动机一侧的位置上，发挥原来飞轮的作用，用于起动和传递发动机的转动扭矩；另一部分则放置在传动系变速器一侧，用于提高变速器的转动惯量。两部分飞轮之间有一个环形的油腔，在腔内装有弹簧减振器，由弹簧减振器将两部分飞轮连接为一个整体。

补充词语

1	gāngshù	缸数	number of cylinders	nombre de cylindres
2	chuántǒng	传统	tradition	tradition
3	píngwěn	平稳	smooth	lisse
4	jiǎnzhèn	减振	shock absorption	absorption des chocs
5	zhèndòng	振动	vibration	vibration
6	chuándì	传递	pass on	transmettre
7	chuándòng	传动	transimisson	transimisson
8	fǎnkuì	反馈	feedback	retour d'information
9	fāmíng	发明	invention	invention
10	shuāng zhìliàng	双质量	dual mass	double masse
11	suǒwèi	所谓	so-called	soi-disant
12	yīcè	一侧	one side	un côté
13	niǔjù	扭矩	torque	couple
14	biànsùqì	变速器	transmission	dérailleur
15	guànliàng	惯量	inertia	inertie
16	huánxíng	环形	in circle	en cercle
17	yóuqiāng	油腔	oil cavity	cavité d'huile
18	tánhuáng	弹簧	spring	ressort
19	jiǎnzhènqì	减振器	shock absorber	amortisseur

课后练习

1. 复习短文生词并熟记读音或书写生词。

2. 请说说图 14-5 中器件运作的顺序。

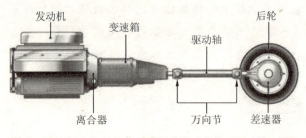

图 14-5

四、课后仿写

选择图 14-6 中的一种工具，仿写一篇 100 个左右汉字的短文，介绍它的使用功能。

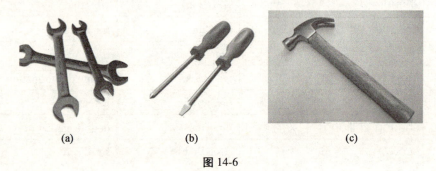

(a)　　　　　　　(b)　　　　　　　(c)

图 14-6

第十五课
农用动力机械的故障排除与拆装

本课问题导向

1. 什么是农用动力机械？举例说明。
2. 本课介绍了哪几种常见的拖拉机故障排除方法？
3. 对于拖拉机的故障排除应该遵循什么原则？

第十五课

专业启动板块

一、词语

1	shèshī	设施	facility	équipement
2	fādiànjī	发电机	power generator	générateur de courant
3	fāngxiàngpán	方向盘	steering wheel	volant
4	zhèndǒu	震抖	shake	trembler
5	dìngwèi	定位	locate	localiser
6	yíqì	仪器	instrument	instrument
7	gāngbǎn	钢板	steel plate	plaque d'acier
8	tánhuáng	弹簧	spring	ressort
9	qiánzhóu	前轴	front axle	essieu d'avant
10	zhīzuò	支座	support	support
11	píngmiàn	平面	flat	plan
12	hòuduān	后端	rear end	extrémité arrière
13	jiāsāi	加塞	squeeze in	serrer dans
14	xiēxíng	楔形	wedge-shaped	coin

15	tiàodǎng	跳挡	skip gear	sauter le bloc
16	báchā	拔叉	fork	fourchette
17	zhóucáo	轴槽	axial trough	rainure d'axe
18	mósǔn	磨损	abrade	éroder
19	liángǎn	连杆	link rod	bielle
20	jiētóu	接头	joint	joint
21	jiànxì	间隙	interval	écart
22	cǎiyòng	采用	employ	employer
23	xiūfù	修复	repair	réparer
24	gēnghuàn	更换	replace	remplacer
25	guàdǎng	挂挡	shift the gear	changer de vitesse
26	quèbǎo	确保	make sure	assurer
27	jīyóubèng	机油泵	oil pump	la pompe à huile
28	shūsòng	输送	convey	transmettre
29	lǜqīngqì	滤清器	filter	filtre
30	chūyóuguǎn	出油管	oil outlet pipe	sortie d'huile
31	xièdiào	卸掉	remove	retirer
32	zhùmǎn	注满	fill up	remplir entièrement
33	fùwèi	复位	reset	réinitialiser
34	zhěnduàn	诊断	diagnosis	diagnostic
35	yóubiǎojílǐ	由表及里	from the surface to the inside	de l'extérieur vers l'intérieur
36	cóngjiǎndàofán	从简到繁	from simple to complex	du simple au complexe
37	mángmù	盲目	blind	aveugle
38	jīlěi	积累	accumulate	accumuler
39	jìnéng	技能	skill	savoir-faire
40	bǎozhàng	保障	guarantee	garantie

二、课文

农用动力机械指的是为农业生产、农业运输和各种农业设施等提供原动力的机械，主要有拖拉机、电动机、各种小型发电机组等，其中最基本、最常用的是拖拉机，这里主要介绍几种常见的拖拉机故障排除方法。

1. 方向盘震抖、前轮摆头

出现方向盘震抖和前轮摆头现象，主要是前轮定位不当、主销后倾角①过小等原因造成的。在没有仪器检测的情况下，应试着在钢板弹簧与前轴支座平面后端加塞楔形铁片，使前轴后转，再加大主销后倾角，试运行后就可恢复正常。

2. 变速后自动跳挡

拖拉机运行中变速后出现自动跳挡现象，主要是拔叉轴槽磨损、拔叉弹簧变弱、连杆接头部分间隙过大等原因造成的。此时应采用修复定位槽、更换拔叉弹簧、缩小连杆接头的间隙等措施，挂挡到位后，便可确保正常变速。

3. 机油泵性能差

遇到机油泵性能差、机油输送上不来时，可把机油滤清器或出油管卸掉，然后注满机油，接着把滤清器或出油管复位，再次启动后，机油就会顺利输送上来了。

拖拉机故障排除方法还有许多。总之，应该灵活地运用故障分析的原则和检查方法，按照"由表及里、从简到繁"的原则，尽量少拆，更不要盲目地乱拆乱卸。只有在实践中不断积累故障诊断与排除方式等方面的经验，不断提高故障排除的技能，才能让农机正常运转得到保障。

三、词语练习

1. 依据课文填空

① 出现＿＿＿＿＿＿震抖和前轮摆头现象，主要是前轮＿＿＿＿＿＿不当、主销后倾角过小等原因造成的。在没有＿＿＿＿＿＿检测的情况下，应试着在钢板＿＿＿＿＿＿与前轴支座平面后端加塞楔形铁片，使前轴后转，再加大主销后倾角，试运行后就可恢复正常。

---

　　　　zhǔ xiāo hòu qīng jiǎo
① 主销后倾角：在拖拉机纵向平面内，主销轴线上端略向后倾斜，这种现象称为主销后倾（kingpin caster）。在纵向垂直平面内，主销轴线与垂线之间的夹角叫作主销后倾角（kingpin caster angle），其值与拖拉机转向及操纵性能密切相关。

②拖拉机运行中变速后出现自动＿＿＿＿＿现象，主要是拔叉轴槽＿＿＿＿＿、拔叉弹簧变弱、连杆接头部分＿＿＿＿＿过大等原因造成的。此时应采用修复定位槽、＿＿＿＿＿拔叉弹簧、缩小连杆＿＿＿＿＿的间隙等措施，挂挡到位后，便可确保正常变速。

③拖拉机故障＿＿＿＿＿方法还有许多。总之，应该灵活地运用故障＿＿＿＿＿的原则和检查方法，按照"＿＿＿＿＿＿＿＿、＿＿＿＿＿＿＿＿"的原则，尽量少拆，更不要＿＿＿＿＿＿＿地乱拆乱卸。只有在实践中不断积累故障＿＿＿＿＿与排除方式等方面的经验，不断提高故障排除的＿＿＿＿＿，才能让农机正常运转得到＿＿＿＿＿。

2. 看拼音写词语

fùwèi	mángmù	shèshī	dìngwèi
——	——	——	——

yíqì	tánhuáng	qiánzhóu	píngmiàn
——	——	——	——

tiàodǎng	mósǔn	jiētóu	jiànxì
——	——	——	——

cǎiyòng	xiūfù	gēnghuàn
——	——	——

四、课堂表述与讨论

1. 请观察图 15-1 所示的拖拉机，结合课文内容，说出至少 4 个拖拉机部件的名称。

图 15-1

2. 结合课文内容，请分析图 15-2a 中出现了什么故障？根据图 15-2b，讨论如何解决这个问题。

主销后倾角

(a)　　　　　　　　　　　　(b)

图 15-2（见书后彩图）

3. 看图 15-3，根据课文内容说说图片中的哪些部分会出现故障，会出现什么故障，如何排除。

图 15-3

专业进阶板块

一、拓展课文

发动机故障原因分析

发动机故障原因主要表现在以下五个方面：

1. 机油变质

机油性能变化，会给发动机带来种种问题。为了避免相关故障的发生，应该定期给发动机更换机油。机油滤芯也需要定期更换。

2. 空气滤芯堵塞

发动机的进气系统主要由空气滤芯和进气道两部分组成。根据使用情况定期清洁空气滤芯，空气滤芯一般在清洗 3 次后就应更换新的。

3. 进气管道脏污

进气管道对发动机的正常工作非常重要，如果太脏，则会导致充气效率下降，从而使发动机不能在正常的输出功率范围内运转，加剧发动机的磨损和老化。

4. 曲轴箱油泥多

在发动机运转过程中，燃烧室内的酸、水分、氮的氧化物等会进入曲轴箱中，与零件磨损产生的金属粉末混在一起，形成油泥。油泥会堵塞滤清器和油孔，造成发动机润滑困难，从而加剧发动机的磨损。

5. 水箱生锈、结垢

发动机水箱生锈、结垢是常见的导致故障的原因。

综上所述，想必大家都知道维护发动机的重要性了。请记得保养农用机械的第一步——从发动机保养做起。

补充词语 ⌄⌄

1	lǜxīn	滤芯	filter cartridge	cartouche filtrante
2	dǔsè	堵塞	block	bloquer
3	guǎndào	管道	pipeline	pipeline
4	zāngwū	脏污	dirt	saleté
5	shūchū	输出	output	production
6	qūzhóuxiāng	曲轴箱	crankcase	carter
7	yóuní	油泥	sludge	boue
8	rùnhuá	润滑	lubricate	lubrifier
9	shēngxiù	生锈	get rusty	rouiller
10	jiégòu	结垢	make scale	entartrer

课堂练习 ⌄⌄

1. 请熟练掌握以下词语。

定期更换　　清洁　　清洗　　效率下降　　输出功率　　加剧
磨损　　　　老化　　润滑　　生锈　　　　结垢　　　　管道

2. 请朗读短文，并回答问题。

（1）发动机发生故障的原因主要有哪些？

（2）为了避免或者减少故障，人们应该怎样保养发动机？

（3）请思考一下：导致发动机故障的原因还有什么。

3. 请朗读下面一段文字。

发动机（engine）是一种能够把其他形式的能转化为另一种能的机器，通常是把化学能转化为机械能。发动机既指动力发生装置，也可指包括动力装置的整个机器（如汽油发动机、航空发动机）。发动机诞生在英国，所以，发动机的概念也源于英语 engine，它的本义是指"那种产生动力的机械装置"。

二、仿写练习

【范文】发电机

发电机（generators）是指将其他形式的能转换成电能的机械设备，它由水轮机、汽轮机、柴油机或其他动力机械驱动，将水流、气流、燃料燃烧或原子核裂变产生的能量转化为机械能传给发电机，再由发电机转换为电能。

【仿写短文】柴油机（100 个左右汉字）

柴油机

三、阅读拓展

拆卸农用动力机械前应了解和熟悉该机械的性能、结构及有关技术资料。对于不熟悉的机器，在没有弄清其装配结构前不应盲目拆卸。

拆卸应该是有目的的。拆卸是为了检查与修理，因此在拆卸前应做到心中有数、有的放矢。对于不用拆卸检查就可以断定其是否符合技术要求的零部件不必拆卸。比如，通过实验台上的实验，检查机油泵的油压和在一定转速下的供油是否符合技术要求，就可以确定是否要拆卸机械部件。但是，对于难以断定机械技术状态的，或者初步检查后怀疑有故障的部件，就必须拆卸，以便进一步检查或修理。拆卸时，应先清除部件外部的油垢、泥土，再把机件内的存油、存水排放干净，并且要使用标准工具和专用工具进行操作。这样做不仅可以保证零部件不受损伤，而且能提高机械检修的工作效率。

补充词语

1	chāixiè	拆卸	disassemble	démonter
2	huáiyí	怀疑	doubt	douter
3	zhuāngpèi	装配	assemble	assembler
4	yǒudì-fàngshǐ	有的放矢	have a definite object in view	avoir un objet précis en vue
5	yóuyā	油压	gasoline pressure	pression d'huile
6	zhuànsù	转速	speed of revolution	vitesse de rotation
7	gōngyóu	供油	gasoline supply	l'approvisionnement en pétrole
8	yóugòu	油垢	gasoline scale	tartre de pétrole

课后练习

1. 复习短文生词并熟记读音或书写生词。

2. 阅读短文并回答下列问题。

（1）农用动力机械拆卸前应做什么准备？

（2）什么时候必须拆卸，什么时候不必拆卸？

（3）机械拆卸时应注意哪些问题？

四、课后仿写

选择图 15-4 中的一种机械，仿写一篇 100 个左右汉字的说明文。

(a) 方向盘　　　　　　　　　　(b) 水轮机

图 15-4

第十六课

耕整地机械基础知识

 本课问题导向

1. 你知道哪些耕整地机械?
2. 你的国家有哪些耕整地机?
3. 在你的家乡,农业生产以哪种农具为主?

第十六课

专业启动板块

一、词语

1	bùjiàn	部件	part	partie
2	zhóu	轴	axis	axe
3	suì tǔ	碎土	break the soil	briser le sol
4	dìbiǎo	地表	surface	surface
5	píngzhěng	平整	smooth	lisse
6	tǔrǎng	土壤	soil	sol
7	shìyìngxìng	适应性	adaptability	adaptabilité
8	gōnglǜ	功率	power	puissance
9	jiǎnshǎo	减少	reduce	réduire
10	cìshù	次数	times	fois
11	yóuliào	油料	oil	pétrole
12	xiāohào	消耗	consumption	consommation
13	huáshìlí	铧式犁	furrow plow	charrue à sillons
14	yuánpánlí	圆盘犁	disk plow	charrue à disques

15	záoxínglí	凿形犁	chisel plow	charrue à burin
16	bàdì	耙地	harrow	herser
17	píngdì	平地	smooth the soil	lisser le sol
18	zhènyā	镇压	squelch	écraser
19	qǐlǒng	起垄	ridge	enfaîter
20	zuòqí	作畦	make pieces of land in the field	faire atterrir les pièces sur le terrain
21	pá	耙	harrow	herse
22	yuánpánbà	圆盘耙	disk harrow	pulvériseur
23	shuǐtiánbà	水田耙	paddy harrow	râteau de rizière
24	dīngchǐbà	钉齿耙	toothed harrow	râteau à dents
25	lào	耢	tool for levelling land	outil pour niveler un terrain
26	hàndì	旱地	dry land	pays sec
27	lígēng	犁耕	plow	charrue
28	sōng tǔ	松土	loosen the soil	ameublir le sol
29	chú cǎo	除草	weed	désherber
30	qiēduàn	切断	cut off	couper
31	cǎogēn	草根	grass root	racine d'herbe
32	cánchá	残茬	stubble	chaume
33	jiǎodòng	搅动	stir	agiter
34	fānzhuǎn	翻转	flip	retourner
35	biǎotǔ	表土	top soil	couche superficiel, e
36	qiǎngēng	浅耕	shallow tillage	labour peu profond
37	mièchá	灭茬	clean the stubble	enlever le chaume
38	sǎbō	撒播	sow	semer
39	féiliào	肥料	fertilizer	engrais
40	fùgài	覆盖	cover	couvrir
41	mùcǎo	牧草	pasture	pâture

•二、课文

耕整地机械是耕地机械和整地机械的合称。耕整地机械可划分为牵引式耕整地机械和驱动式耕整地机械。

牵引式耕整地机械采用从动工作部件，由拖拉机牵引进行耕整地作业；驱动式耕整地机械利用拖拉机动力输出轴驱动工作部件，进行耕整地作业。与牵引式耕整地机相比，驱动式耕整地机具有碎土能力强、作业深度大、作业后地表平整及对不同条件的土壤适应性强等特点，并能充分利用拖拉机功率，减少机组下地次数，降低油料消耗，但机械结构较复杂。

按作业环节，耕整地机械可分为耕地机械和整地机械。按耕地机械工作原理，耕地机械可分为铧式犁、圆盘犁和凿形犁。其中，铧式犁应用历史最长，技术最为成熟，作业范围最广。整地机械的功能包括耙地、平地和镇压，在有的地区还包括起垄和作畦。整地机械包括耙（圆盘耙、水田耙和钉齿耙）、耢、镇压器、起垄犁和作畦机等。圆盘耙的应用最为广泛，主要用于旱地犁耕后的碎土，以及播种前的松土、除草。此外，圆盘耙能切断草根和作物残茬，搅动和翻转表土，因此可用于收获后的浅耕灭茬作业。撒播肥料后可用它进行覆盖，也可将其用于果园和牧场草地的田间管理。

•三、词语练习

1. 依据课文填空

① _____式耕整地机械采用从动工作部件，由拖拉机牵引进行耕整地作业；驱动式耕整地机械_____拖拉机动力输出____驱动工作部件，进行耕整地作业。与牵引式耕整地机_____，驱动式耕整地机具有_____能力强、作业深度大、作业后地表平整及对不同条件的_____适应性强等特点，并能充分利用拖拉机_____，减少机组下地次数，降低_____消耗，但机械结构较复杂。

② 整地机械包括耙（圆盘耙、水田耙和钉齿耙）、耢、_____器、_____犁和作畦机等。_____耙的应用最为广泛，主要用于_____犁耕后的碎土，以及播种____的松土、除草。

2. 看拼音写词语

gōnglǜ　　　　　jiǎnshǎo　　　　　yóuliào　　　　　xiāohào

_____　_____　_____　_____

huáshìlí	yuánpánlí	záoxínglí	píngdì
yuánpánbà	shuǐtiánbà	dīngchǐbà	hàndì
sōng tǔ	chú cǎo	qiēduàn	cǎogēn
cánchá	jiǎodòng	fānzhuǎn	biǎotǔ

四、课堂表述与讨论

1. 请问图 16-1 所示是什么机械?

图 16-1（见书后彩图）

2. 请问图 16-2 中的工具是做什么用的?

图 16-2（见书后彩图）

专业进阶板块

一、拓展课文

兰博基尼与拖拉机

　　兰博基尼是超级跑车的代名词，那么兰博基尼与拖拉机有什么关系呢？这里还有一段有趣的故事呢。

　　1958 年，兰博基尼的创始人费鲁吉欧·兰博基尼购买了一辆法拉利。当他的法拉利汽车离合器出现问题后，他发现法拉利所使用的汽车离合器竟然和他自己组装的拖拉机所使用的离合器一模一样。于是兰博基尼去找恩佐·法拉利，要求更换一个质量更好的离合器，但遭到了拒绝。兰博基尼非常生气，决定花重金从法拉利和玛莎拉蒂那里挖来大批人才，造一辆属于自己的跑车，出一口气。1963 年，费鲁吉欧·兰博基尼成立了兰博基尼汽车有限公司，同年，第一辆兰博基尼跑车——350GTV 诞生了。后来兰博基尼也成了跑车制造领域里的领头羊。

　　其实兰博基尼最早是做拖拉机的。第二次世界大战导致意大利经济萧条，农业生产机械严重缺乏。曾经做过空军机械师的费鲁吉欧·兰博基尼看准这一时机，利用战争中残留的军用车辆以及一部分英国产卡车零部件，开始组装农业生产使用的机械，填补了农机市场的空白。这些组装的农机中就有非常著名的兰博基尼 2R 拖拉机。

兰博基尼跑车

兰博基尼拖拉机

补充词语 ⌄⌄

1	chāojí	超级	super	super
2	pǎochē	跑车	sports cars	voiture de sport
3	chuàngshǐrén	创始人	founder	fondateur, trice
4	jìngrán	竟然	it turns out…	il s'avère
5	yīmú-yīyàng	一模一样	exactly the same	exactement le même
6	gēnghuàn	更换	replace	remplacer
7	zhòngjīn	重金	a lot of money	beaucoup d'argent
8	chū yīkǒuqì	出一口气	revenge	venger
9	shǔyú	属于	belong to	appartenir
10	yǒuxiàn gōngsī	有限公司	limited company	société anonyme
11	lǐngyù	领域	domain	domaine
12	lǐngtóuyáng	领头羊	bellwether	meneur
13	xiāotiáo	萧条	depression	dépression
14	quēfá	缺乏	lack of	manquer
15	kànzhǔn	看准	spot	repérer
16	cánliú	残留	remain	rester
17	tiánbǔ	填补	fill in	remplir
18	kòngbái	空白	blank	vide

课堂练习 ⌄⌄

1. 请写出上文中你觉得需要熟练掌握的词语。

2. 请朗读下面的短文。

整地的目的是创造良好的土壤耕层构造和表面状态，协调水分、养分、空气、热量等因素，提高土壤肥力，为播种和作物生长、田间管理提供良好条件。整地的主要作业包括浅耕灭茬、翻耕、深松耕、耙地、耱地、镇压、平地、起垄、作畦等。

3. 请问图 16-3 所示是什么机械？有什么功能？

图 16-3（见书后彩图）

4. 请问图 16-4 所示是什么机械？其动力是什么？它的后面是什么工具？

图 16-4（见书后彩图）

二、课堂仿说或仿写练习

【范文】草莓种植

　　在种植草莓前，我们需要将地翻耕一遍，然后将杂草清除干净。草莓根系较浅，比较适合生长在疏松、肥沃的土壤中，所以要选择地势平坦、保水保肥能力都比较强的田块。种植前对土壤进行施肥、起垄及浇水，这三个步骤缺一不可。因为草莓一旦开始生长，就不能再松土施肥了，否则很容易伤到根茎。

翻耕　　　　　　　　生长　　　　　　　　草莓

【仿写短文】田园布局（100个左右汉字）

_____

_____

_____

_____

_____

_____

田园布局

三、阅读拓展

　　耕地是指主要用于种植小麦、水稻、玉米、蔬菜等农作物并经常进行耕耘的土地。耕地一般包括以下8种土地：

　　（1）常年进行耕耘、种植农作物的土地，是耕地的主要部分，占耕地总数的85%以上；

　　（2）当年休耕、休闲或轮歇的田地；

　　（3）抛荒少于3年的田地；

　　（4）原是开荒地，以及沿河、沿湖和沿海滩涂开垦之后连续使用3年或3年以上的土地；

　　（5）原是耕地，后改作鱼塘、果园、花卉园，以及用来种植桑树、茶树、果树和其他树木的土地；

　　（6）原是耕地，临时（5年以下）用来培育和种植桑苗、果苗及其他花卉的土地；

　　（7）非牧区用于种植牧草少于5年的田地；

　　（8）以种植稻谷为主、养鱼为辅的稻草混合种养的水田，以及常年用来种植茭白、莲藕等一年生食物类植物的低洼地。

补充词语 ⤵

1	zhòngzhí	种植	plant	planter
2	xiǎomài	小麦	wheat	blé
3	shuǐdào	水稻	rice	riz
4	yùmǐ	玉米	corn	maïs
5	shūcài	蔬菜	vegetable	légume
6	nóngzuòwù	农作物	crops	récolte

7	gēngyún	耕耘	farm	cultiver
8	xiūgēng	休耕	fallow	jachère
9	xiūxián	休闲	leisure	loisir
10	lúnxiē	轮歇	take a break	prendre une pause
11	pāo huāng	抛荒	abandon	abandonner
12	kāi huāng	开荒	open up wasteland	ouvrir un terrain vague
13	tāntú	滩涂	tidal flat	marée basse
14	kāikěn	开垦	reclaim	défricher
15	yútáng	鱼塘	fish pond	étang à poissons
16	huāhuìyuán	花卉园	flower garden	jardin de fleurs
17	sāngshù	桑树	mulberry tree	arbre à mûre
18	mùcǎo	牧草	pasture	pâture
19	jiāobái	茭白	water bamboo	bambou d'eau
20	lián'ǒu	莲藕	lotus root	racine de lotus
21	dīwādì	低洼地	low-lying land	terre basse

课后练习

1. 复习短文生词并熟记读音或书写生词。

2. 请说出图 16-5 中零部件的名称。

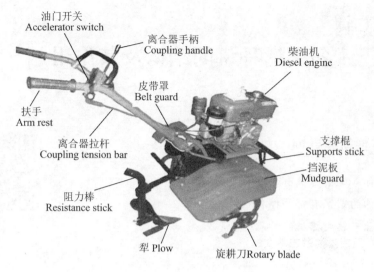

图 16-5

四、课后仿写

选择图 16-6 中的一种耕整地机械，仿写一篇 100 个左右汉字的短文。

(a) 手扶拖拉机   (b) 犁地机   (c) 铧式犁

图 16-6

第十七课

各类播种机的结构及其作用

本课问题导向

1. 你知道播种机有哪些种类吗？

2. 你的国家有哪些播种机？

3. 你了解穴播机的特点吗？

第十七课

专业启动板块

一、词语

1	bōzhǒngjī	播种机	seeder	planteur
2	zhòngzhí	种植	planting	plantation
3	mìngmíng	命名	name	nommer
4	tiáobōjī	条播机	line seeder	planteuse en lignes
5	xuébōjī	穴播机	cave seeder	planteuse en poquets
6	miánhuā	棉花	cotton	coton
7	mùcǎo	牧草	pasture	pâture
8	sǎbōjī	撒播机	a type of seeder	un type de semoir
9	líxīnshì	离心式	centrifugal	centrifuge
10	fùzhuāng	附装	attach	attacher
11	yùnshūchē	运输车	transport vehicle	transporteur
12	zhǒngzi xiāng	种子箱	seed box	boîte à graines
13	sǎbōlún	撒播轮	spreading wheel	roue d'épandage
14	xíngzǒulún	行走轮	walking wheel	roue de marche

15	páizhǒnglún	排种轮	seeding wheel	roue de semis
16	xuánzhuǎn	旋转	whirl	tourner
17	kāigōuqì	开沟器	furrow opener	ouvre-sillon
18	luòrù	落入	fall into	tomber dans
19	gōucáo	沟槽	groove	rainure
20	fù tǔ	覆土	cover soil	couvrir le sol
21	zhènyā	镇压	squelch	écraser
22	zhuāngzhì	装置	device	dispositif
23	fùgài	覆盖	cover	couvrir
24	yāshí	压实	compact	compacter
25	tiáncài	甜菜	beet	betterave
26	xiàngrìkuí	向日葵	sunflower	tournesol
27	dòulèi	豆类	beans	haricots
28	féixiāng	肥箱	fertilizer bin	bac à engrais
29	páiféiqì	排肥器	fertilizer disposal	élimination des engrais
30	shūféiguǎn	输肥管	fertilizer pipeline	pipeline d'engrais
31	pēnsǎ	喷洒	spray	vaporisateur
32	shāchóngjì	杀虫剂	insecticide	insecticide
33	chúyǒujì	除莠剂	herbicide	herbicide
34	pū	铺	lay	allonger
35	sùliào	塑料	plastic	plastique
36	bómó	薄膜	film	film

·二、课文

　　播种机是指以农作物种子为播种对象的种植机械，主要用于某类或某种农作物的播种，经常以农作物种类名称来命名，如谷物条播机、玉米穴播机、棉花播种机、牧草撒播机等。

　　按播种方式，播种机可分为以下几种类型：

　　（1）撒播型，常用的机型为离心式撒播机，一般附装在农用运输车后部，由种子箱和撒播轮构成。

（2）条播型，主要用于谷物、蔬菜、牧草等小粒种子的播种作业，常用的有谷物条播机。由行走轮带动排种轮旋转，种子箱内的种子按预先要求的播种量，被陆续排入输种管内，并经开沟器落入开好的沟槽内，然后由覆土镇压装置将种子覆盖并压实。

（3）穴播型，是一种按一定行距和穴距进行播种的种植机械，主要用于玉米、棉花、甜菜、向日葵、豆类等中耕农作物，又称中耕农作物播种机。每穴可播一粒或数粒种子，分别叫作单粒精播或多粒穴播。每个播种机单体可完成开沟、排种、覆土、镇压等整个作业过程。

（4）精密型，是以精确的播种量、株行距和深度进行播种的机械，具有节省种子、出苗后无须间苗作业，并使每株农作物的营养面积均匀等优点。

（5）联合型，是在谷物条播机上加设肥箱、排肥器和输肥管的多功能种植机械，可在播种的同时施肥。联合型播种机还可以与土壤耕作、喷洒杀虫剂和除莠剂、铺塑料薄膜等作业联合组成联合作业机。

三、词语练习

1. 依据课文填空

① 播种机是指以农作物_____为播种对象的种植机械，主要用于某类或某种农作物的_____，经常以农作物种类名称来命名，如谷物_____机、玉米穴播机、棉花_____机、牧草_____机等。

② 穴播型，是一种按一定_____和穴距进行播种的_____机械。主要用于玉米、棉花、_____、_____、_____等中耕农作物，又称中耕农作物播种机。每穴可播一粒或数粒种子，分别叫作_____精播或多粒穴播。每个播种机_____可_____开沟、排种、覆土、镇压整个作业过程。

2. 看拼音写词语

tiáobōjī	xuébōjī	sǎbōjī	miánhuā
_____	_____	_____	_____
mùcǎo	líxīnshì	yùnshūchē	zhǒngzi xiāng
_____	_____	_____	_____
sǎbōlún	xíngzǒulún	páizhǒnglún	xuánzhuǎn
_____	_____	_____	_____
kāigōuqì	luòrù	gōucáo	fù tǔ

zhènyā　　　zhuāngzhì　　　fùgài　　　yāshí

_____　_____　_____　_____

四、课堂表述与讨论

1. 请问图 17-1 所示是什么播种机？

图 17-1（见书后彩图）

2. 请问图 17-2 中的条播机可以播种哪些种子？

图 17-2（见书后彩图）

专业进阶板块

一、拓展课文

　　有人问：世界上什么东西的气力最大？众说不一。有的人说是象，有的人说是狮子，有的人开玩笑似的说，是金刚。但是很多人并不知道，世界上气力最大的是植物的种子。一粒种子显现出来的力，简直是超越一切的。

　　人的头盖骨结合得非常致密、坚固。生理学家和解剖学家用尽了一切方法，想把它完整地分开来，都没有成功。后来有人发明了一种方法，就是把一些植物的种子放在要分离的头盖骨里，给予种子合适的温度和湿度，使种子发芽。一发芽，这些种子便以可怕的力量，将一切机械力所不能分开的骨骼完整地分开了。植物种子的力量竟然如此之大！

你见过被压在瓦砾和石块下面的一棵小草的生长过程吗？不管上面的石块如何重，石块与石块之间如何狭窄，它总要曲曲折折地、顽强不屈地透到地面上来。它的根往土里钻，它的芽往上面挺，这是一种不可抵抗的力量，试图阻止它的石块也被它掀翻。这足见一粒种子的力量之大！

没有一个人将小草叫作大力士，但是它的力量之大，的确举世无双。这种力是一般人看不见的生命力。只要生命存在，这种力量就要显现，上面的石块丝毫不能阻挡它，因为这是一种"长期抗战"的力，有弹性、能屈能伸的力，有韧性、不达目的不停止的力。

补充词语

1	zhòngshuō bùyī	众说不一	different opinions	opinions différents
2	xiàng	象	elephant	éléphant
3	shīzi	狮子	lion	lion
4	shìde	似的	like	comme
5	Jīngāng	金刚	King Kong	King Kong
6	tóugàigǔ	头盖骨	skull	crâne
7	zhìmì	致密	dense	dense
8	jiāngù	坚固	sturdy	robuste
9	shēnglǐxuéjiā	生理学家	physiologist	physiologist
10	jiěpōuxuéjiā	解剖学家	anatomist	anatomiste
11	pōuxī	剖析	dissect	disséquer
12	wēndù	温度	temperature	température
13	shīdù	湿度	humidity	humidité
14	gǔgé	骨骼	skeleton	squelette
15	wǎlì	瓦砾	rubble	décombres
16	xiázhǎi	狭窄	narrow	étroit

17	qūqūzhézhé	曲曲折折	twists and turns	des tours et des détours
18	wánqiáng bùqū	顽强不屈	perseverance	persévérance
19	tòu	透	penetrate	pénétrer
20	zuān	钻	drill	percer
21	tǐng	挺	sprout	tenir droit
22	xiānfān	掀翻	overturn	renverser
23	dàlìshì	大力士	Hercule	Hercule
24	tánxìng	弹性	elasticity	elasticité
25	néngqū-néngshēn	能屈能伸	be able to stoop or stand erect	être capable de se plier et de s'étirer
26	rènxìng	韧性	toughness	dureté

课堂练习

1. 请写出上文中你觉得需要熟练掌握的词语。

2. 请朗读下面的短文。

　　免耕播种机就是使用机械代替原来的人工播种、施肥、耕地等步骤，一步完成播种作业的机械。它具体应用于玉米、大豆、土豆、大蒜等大范围种植的经济作物，主要目的是解决农村劳动力不足及降低人力成本。免耕播种机可以帮助农户扩大农业种植面积，提高农业机械化水平。

　　3. 请问图 17-3 中的机械是播种机还是收割机？请你介绍一下它在自己家乡的使用情况。

图 17-3

4. 请问图 17-4 所示农作物的种植需要什么机械？

(a)　　　　　　　　(b)　　　　　　　　(c)

图 17-4

二、课堂仿说或仿写练习

【范文】玉米播种机

玉米播种机的主要结构包括种子箱、开沟器、排种器、肥料箱、排肥器，以及覆土和镇压装置。在播种作业的过程中，播种机的主要动力来自拖拉机的后动力输出轴，在拖拉机的牵引作用下，开沟器在预先设定好的深度内开出供播种和施肥所用的土沟。

玉米播种机

【仿写短文】开沟器（100 个左右汉字）

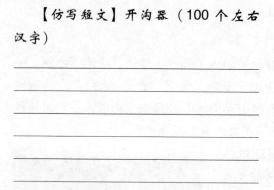

_____

_____

_____

_____

_____

开沟器

三、阅读拓展

公元前 1 世纪，中国已经开始推广使用耧。这是世界上最早的条播机具，目前中国北方旱地农耕中仍在使用。1636 年，希腊人制成了第一台播种机。1830 年，俄国人在畜力多铧犁的基础上制成犁播机。1860 年以后，英美等国开始大量生产畜力谷物条播机。20 世纪后，牵引式和悬挂式谷物条播机相继

出现。中国 20 世纪 50 年代引进了谷物条播机、棉花播种机等。20 世纪 60 年代，中国先后研制成悬挂式谷物播种机、离心式播种机、通用机架播种机和气吸式播种机等多种类型的播种机，并且研制成磨纹式排种器。到了 20 世纪 70 年代，中国已形成播种中耕通用机和谷物联合播种机两个系列，同时成功研制出精密播种机。

补充词语

1	lóu	耧	a type of Chinese seeder	un type de semoir chinois
2	Xīlà	希腊	Greece	Grèce
3	Éguó	俄国	Russia	Russie
4	chùlì	畜力	animal power	force animale
5	duōhuálí	多铧犁	multiple plow	charrue multiple
6	líbōjī	犁播机	a type of Chinese seeder	un type de semoir chinois
7	qiānyǐnshì	牵引式	traction type	de façon traction
8	xuánguàshì	悬挂式	hanging type	de façon suspendue
9	yǐnjìn	引进	bring in	introduire
10	qìxīshì	气吸式	air suction type	de façon d'aspiration d'air
11	mówénshì	磨纹式	grinding type	de façon affûtage
12	tōngyòngjī	通用机	general purpose machine	machine à usage général

课后练习

1. 复习短文生词并熟记读音或书写生词。

2. 看图 17-5 说说这种播种机的构成。

图 17-5

四、课后仿写

选择图 17-6 中的一种机械，仿写一篇 100 个左右汉字的短文。

（a）花生播种机　　　　　（b）土豆播种机　　　　　（c）土豆播种压膜机

图 17-6

第十八课
有机肥及其加工设备

本课问题导向

第十八课

1. 你知道有机肥来自哪些植物或动物吗?
2. 你家乡的农田主要使用哪种肥料?
3. 你了解有机肥的作用吗?

专业启动板块

一、词语

1	yǒujīféi	有机肥	organic fertilizer	engrais organique
2	láiyuán	来源	source	source
3	zhíwù	植物	plant	plante
4	dòngwù	动物	animal	animal
5	hántàn féiliào	含碳肥料	fertilizer carbonaceous	engrais carboné
6	fèiqìwù	废弃物	waste	déchets
7	cántǐ	残体	remains	reste
8	xiāochú	消除	eliminate	éliminer
9	yǒudú	有毒	poisonous	toxique
10	yǒuhài	有害	harmful	nuisible
11	yǒujīsuān	有机酸	organic acid	acide organique
12	tàilèi	肽类	peptides	peptides
13	dàn	氮	nitrogen	azote
14	lín	磷	phosphorus	phosphore

15	jiǎ	钾	potassium	potassium
16	yuánsù	元素	element	élément
17	féixiào	肥效	fertilizer effect	effet d'engrais
18	yǒujīzhì	有机质	organic matter	matière organique
19	wēishēngwù	微生物	microorganism	micro-organisme
20	fánzhí	繁殖	reproduce	réproduire
21	gǎishàn	改善	improve	améliorer
22	xìngzhì	性质	nature	nature
23	shēngwù huóxìng	生物活性	biological activity	activité biologique
24	lǜsè shípǐn	绿色食品	green food	nourriture bio
25	chù qín fènbiàn	畜禽粪便	animal excrement	fumier de bétail
26	jiēgǎn dàoké	秸秆稻壳	straw and rice husk	balle de riz en paille
27	zhǎozhā wūní	沼渣污泥	biogas residue and sludge	boues de biogaz
28	cānchú lājī	餐厨垃圾	kitchen waste	déchets de cuisine
29	jiǎnshǎo	减少	reduce	réduire
30	huánjìng wūrǎn	环境污染	environmental pollution	pollution environnementale
31	biànfèiwéibǎo	变废为宝	turning waste into treasure	transformer les déchets en trésor
32	yǎngzhí	养殖	cultivate	cultiver
33	jiàngdī	降低	reduce	réduire
34	dìbiǎoshuǐ	地表水	surface water	les eaux de surface
35	fùyíngyǎnghuà	富营养化	eutrophication	eutrophisation
36	diàndìng	奠定	establish	instaurer
37	fěnzhuàng	粉状	farinaceous	en poudre
38	fājiào	发酵	ferment	fermenter
39	fānduījī	翻堆机	aerator	aérateur
40	fěnsuìjī	粉碎机	pulverizer	broyeur
41	gǔntǒngshāi	滚筒筛	trommel	trommel
42	zàolì	造粒	make granules	granuler

43	jiǎobànjī	搅拌机	blender	mixeur
44	hōnggānjī	烘干机	dryer	séchoir
45	lěngquèjī	冷却机	cooler	glacière
46	bāomójī	包膜机	coating machine	machine de revêtement
47	chēngliáng	称量	weigh	peser
48	bāozhuāngjī	包装机	packing machine	machine d'emballage

二、课文

有机肥主要来源于植物和（或）动物，是一类含碳肥料，通过加工生物物质、动植物废弃物、植物残体而来。加工过程消除了原料中的有毒有害物质，保留了大量的有益物质，包括多种有机酸、肽类，以及氮、磷、钾等丰富的营养元素。有机肥不仅能为农作物提供全面的营养，而且肥效长，可增加和更新土壤有机质，促进微生物繁殖，改善土壤的理化性质和生物活性，是绿色食品生产的主要养分。通过有机肥生产线把畜禽粪便、秸秆稻壳、沼渣污泥、餐厨垃圾、城市废弃物等加工成有机肥，既能减少环境污染又能变废为宝。

有机肥产业可有效地解决畜禽养殖等行业有机废弃物对环境造成的污染，降低因污染引起的地表水的富营养化，有利于提高农产品的安全和质量，为人类全面食用绿色食品和有机食品奠定了良好的基础，对生态环境的改善效果显著。

有机肥生产线主要分为前期预处理部分和造粒生产部分。前期预处理部分又叫粉状有机肥加工设备，包括发酵翻堆机、有机肥粉碎机、滚筒筛分机等设备；造粒生产部分包括混合搅拌机、有机肥造粒机、回转式烘干机、冷却机、滚筒筛分机、包膜机、自动称量包装机。

三、词语练习

1. 依据课文填空

① 有机肥主要_____于植物和（或）动物，是一类_____肥料，通过加工生物物质、动植物_____、植物残体而来。加工过程消除了原料中的有____有____物质，保留了大量的有____物质，包括多种有机酸、肽类，以及____、磷、钾等丰富的营养元素。

② 有机肥_____主要分为前期预处理部分和造粒生产部分。前期预处

理部分又叫_____有机肥加工_____，包括_____翻堆机、有机肥粉碎机、滚筒筛分机等设备；造粒生产部分包括混合_____机、有机肥造粒机、回转式_____机、冷却机、滚筒筛分机、_____机、自动称量包装机。

2. 看拼音写词语

yǒujīféi	wēishēngwù	lǜsè shípǐn	chù qín fènbiàn
_____	_____	_____	_____
jiēgǎn dàoké	zhǎozhā wūní	cānchú lājī	fèiqìwù
_____	_____	_____	_____
jiǎnshǎo	huánjìng wūrǎn	fānduījī	fěnsuìjī
_____	_____	_____	_____
gǔntǒngshāi	zàolì	jiǎobànjī	hōnggānjī
_____	_____	_____	_____
lěngquèjī	bāomójī	chēngliáng	bāozhuāngjī
_____	_____	_____	_____

○**四、课堂表述与讨论**

1. 请问图 18-1 中的有机肥来自哪儿？在你的家乡也使用这些有机肥吗？

(a) 牛粪   (b) 鸡粪   (c) 羊粪   (d) 猪粪

图 18-1（见书后彩图）

2. 请问图 18-2 中的有机肥来自哪儿？

图 18-2（见书后彩图）

专业进阶板块

一、拓展课文

造粒机的特点

有机肥造粒机的特点：（1）生产的肥料颗粒为球状。（2）有机物含量可高达100%，实现纯有机物造粒。（3）利用有机物微粒在一定作用力下能互相镶嵌长大的特点，造粒时不需要加黏结剂。（4）颗粒坚实，造粒后即可筛分，降低干燥所费能耗。（5）发酵后的有机物无须干燥，原料含水量可在20%~40%之间。

有机肥造粒机的适用范围也很广，尤其适用于轻质细粉肥料的造粒。细粉肥料的基本微粒越细，颗粒的球形度越高，成球质量越好。一般肥料造粒前的粒度以小于200目为宜，典型的原料来源有鸡粪、猪粪、牛粪、炭灰、陶土、高岭土等。对那些有机肥原料，如畜禽粪便粪尿类、堆沤肥料类、绿肥类、海肥类、饼肥类、草炭类、土杂肥、三废物、微生物类等城市生活垃圾有机发酵肥料造粒的专用性粒子为不规则球粒。有机肥造粒机合格成粒率高达80%~90%，适应多种不同的配方。有机肥的抗压强度高于圆盘和转鼓，大球率低于15%，颗粒大小和均匀度可根据用户要求通过无级调速功能调整。有机肥造粒机最适合有机肥发酵后直接造粒，可节约干燥工序，大大降低制造成本。

补充词语

1	kēlì	颗粒	granule	granule
2	qiúzhuàng	球状	spherical form	forme sphérique
3	wēilì	微粒	particle	particule
4	xiāngqiàn	镶嵌	inlay	incruster
5	niánjiéjì	黏结剂	binder	liant
6	nénghào	能耗	energy consumption	consommation d'énergie
7	qīngzhì	轻质	lightweight	poids léger
8	xìfěn	细粉	fine powder	poudre fine

9	chéng qiú	成球	into a ball	en boule
10	jīfèn	鸡粪	chicken manure	fumier de poulet
11	zhūfèn	猪粪	pig manure	fumier de porc
12	niúfèn	牛粪	cow dung	bouse
13	tànhuī	炭灰	charcoal ash	cendre de charbon de bois
14	táotǔ	陶土	pottery clay	argile de poterie
15	gāolǐngtǔ	高岭土	kaolin	kaolin
16	duī'ōu	堆沤	retting	rouissage
17	lǜféilèi	绿肥类	green manure	engrais vert
18	hǎiféilèi	海肥类	sea manure	engrais marin
19	bǐngféilèi	饼肥类	oil fertilizer	engrais à huile
20	cǎotànlèi	草炭类	peat	tourbe
21	guīzé	规则	rule	règle
22	pèifāng	配方	formula	formule
23	kàngyā	抗压	compression resistance	résistance à la compression

课堂练习

1. 请写出上文中你觉得需要熟练掌握的词语。

2. 请朗读下面的短文。

卧式搅拌机混合均匀度高、残留量少，适合于配合饲料、浓缩饲料、添加剂预混料的混合。它的具体特点：肥料得到充分混合，从而提高了肥料的混合均匀度；采用新颖的转子结构，转子与壳体的最小间隙可调至接近零，有效地减少了肥料残留量；总体结构更加合理，操作维修方便。

3. 请问图 18-3 所示的有机肥是颗粒肥还是液体肥？请你介绍一下自己家乡使用该类肥料的情况。

图 18-3

4. 请问图 18-4 中的废弃物可以加工成什么形状的有机肥？

图 18-4

二、课堂仿说或仿写练习

【范文】污水处理程序

污水处理工程是城市市政建设、工业企业建设或排污达标治理的一个重要部分，其建设须按国家基本建设程序进行，现行的基本建设程序一般分为编制项目建议书、项目可行性研究、项目工程设计、工程和设备招投标、工程施工、竣工验收、运行调试和达标验收几个步骤。这些建设步骤基本涵盖了项目建设的全过程。

【仿写短文】垃圾处理步骤（100 个左右汉字）

_____

_____

_____

_____

三、阅读拓展

　　发酵处理粪便是利用微生物分解物料中的有机质，并使粪便温度高达
50~70 ℃，杀死病原微生物、寄生虫及其他虫卵和草籽等。腐熟后的物料无
臭，复杂有机物被降解为易被植物吸收的简单化合物。传统的堆肥方式为自
然堆肥法，无须设备和耗能，但占地面积较大、腐熟慢、效率低。现代发酵
处理法根据自然堆肥原理，利用发酵棚、发酵塔等设备，为微生物活动提供
必要条件，可将效率提高到原来的 10 倍以上。发酵处理法要求物料含水率在
60%~70%，碳氮比在（25~30）：1。发酵过程中，要求通风供氧，天冷时适
当加热，腐熟后物料含水量约为总量的 30%。为便于贮存和运输，需降低含
水率至 13%左右，并粉碎、过筛、装袋。因此，发酵设备一般与发酵前物料
的预处理设备，以及腐熟后的干燥、粉碎等设备组合为成套设备。

补充词语

1	fājiào	发酵	fermente	fermenter
2	chǔlǐ	处理	deal with	traiter
3	wēishēngwù	微生物	microorganism	micro-organisme
4	fēnjiě	分解	decompose	décomposer
5	jìshēngchóng	寄生虫	parasite	parasite
6	chóngluǎn	虫卵	worm egg	œuf de ver
7	cǎozǐ	草籽	grass seed	graine d'herbe
8	fǔshú	腐熟	(of compost, etc.) bccome thoroughly decomposed	mûr, e
9	jiàngjiě	降解	degrade	dégrader
10	huàhéwù	化合物	compound	composé
11	duīféi	堆肥	compost	compost
12	hàonéng	耗能	energy consumption	consommation d'énergie
13	gōngyǎng	供氧	oxygen supply	fournir de l'oxygène
14	zhùcún	贮存	store	stocker

课后练习

1. 复习短文生词并熟记读音或书写生词。

2. 请看图 18-5 说说包膜机的结构。

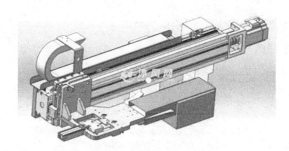

图 18-5

四、课后仿说

选择图 18-6 中的一种机械，仿写一篇关于其结构的 100 个左右汉字的短文。

 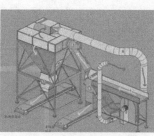 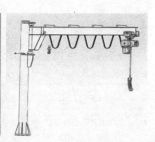

(a) 造粒机　　　　　　　(b) 风选机　　　　　　(c) 悬臂起重机

图 18-6（见书后彩图）

第十九课

施肥机械及植保机械

 本课问题导向

1. 你知道固态肥的原料有哪些吗?

2. 你的国家通常使用哪些有机肥?

3. 在你的家乡,农业生产中以哪种肥料为主?

第十九课

专业启动板块

一、词语

1	gùmíng-sīyì	顾名思义	as the name suggests	comme le nom le suggère
2	jiùféi	厩肥	barnyard manure	fumier de ferme
3	fènféi	粪肥	manure	fumier
4	quánfú	全幅	full width	pleine largeur
5	shuāngyèpiàn	双叶片	double blade	double lame
6	zhuànpánshì	转盘式	turntable type	plaque tournante
7	héngxiàng	横向	crosswise	transversal, e
8	liàntiáo	链条	chain	chaîne
9	fúkuān	幅宽	width	largeur
10	qìlìshì	气力式	pneumatic type	type pneumatique
11	gāosù	高速	high speed	haute vitesse
12	fēngjī	风机	fan	ventilateur
13	qìliú	气流	airflow	flux d'air

14	pēntóu	喷头	sprinkler	arroseur
15	shíhuī	石灰	lime	chaux
16	gǎiliángjì	改良剂	improver	améliorant
17	zhuāngshè	装设	install	installer
18	zhuāngzhì	装置	device	dispositif
19	jīnshǔ	金属	metal	métal
20	fǔshí	腐蚀	corrode	corroder
21	huīfā	挥发	volatilize	volatiliser
22	sǔnshī	损失	lose	seperdre
23	féixiào	肥效	fertilizer effect	effet d'engrais
24	xuánfúwù	悬浮物	suspended matter	matière en suspension
25	zázhì	杂质	impurity	impureté
26	fājiào	发酵	ferment	fermenter
27	chǔlǐ	处理	deal with	traiter avec
28	xīshì	稀释	dilute	diluer
29	guòlǜ	过滤	filter	filtrer
30	bǎozhàng	保障	guarantee	garantie

二、课文

　　施肥机，顾名思义就是用于田间施放各种化学肥料（固态肥或液肥）、厩肥、粪肥等肥料的机械设备。常见的施肥机种类有厩肥撒肥机、液肥喷洒机、化肥撒肥机等。不同种类的施肥机，其工作特征及原理都大不相同，在使用前一定要仔细了解使用说明并掌握使用技巧。那么，施肥机具体有哪些种类呢？

　　1. 撒肥机械

　　（1）全幅施肥机。这类施肥机可以分为两类：一类由多个双叶片的转盘式排肥器横向排列组成；另一类由装在沿横向移动的链条上的链指沿整个机器幅宽施肥。

　　（2）气力式宽幅撒肥机。这类施肥机的工作原理大致相同，都是利用高速旋转的风机所产生的高速气流，配合以机械式排肥器与喷头，大幅宽、高效率地撒施化肥与石灰等土壤改良剂。

2. 种肥施用机械

这种施肥机的工作方法是在播种机上装设施肥装置，在播种的同时进行种肥施用。目前，国外发达国家的播种机上大多数都配备了种肥施用装置。

3. 液肥施用机

液肥有化学液肥和有机液肥之分。化学液肥对金属有强烈的腐蚀作用，且易挥发，施用时应注意防止挥发、损失肥效和灼伤作物。有机液肥由人、畜粪尿及污水组成，其中常含有悬浮物或杂质，经发酵处理后，应用水稀释、过滤后再用施肥机进行喷洒。

总之，使用施肥机是为了提高施肥的效率，为农作物的生长所需肥料提供有效保障。

三、词语练习

1. 依据课文填空

① 施肥机，_____就是用于_____施放各种化学肥料（固态肥或液肥）、厩肥、粪肥等肥料的机械设备。常见的施肥机_____有厩肥撒肥机、_____喷洒机、化肥_____机等。不同种类的施肥机，其工作_____及原理都大不相同。

② 气力式宽幅撒肥机的工作_____大致相同，都是利用_____旋转的风机所产生的高速_____，配合以机械式排肥器与_____，大幅宽、高_____地撒施化肥与石灰等_____改良剂。

2. 看拼音写词语

gāosù	fēngjī	qìliú	pēntóu
————	————	————	————
shíhuī	gǎiliángjì	zhuāngshè	zhuāngzhì
————	————	————	————
jīnshǔ	fǔshí	huīfā	sǔnshī
————	————	————	————
féixiào	xuánfúwù	zázhì	fājiào
————	————	————	————
chǔlǐ			
————			

四、课堂表述与讨论

1. 请问图 19-1 所示是什么施肥机？

图 19-1（见书后彩图）

2. 请问图 19-2 所示是什么机械？它正在做什么？

图 19-2（见书后彩图）

专业进阶板块

一、拓展课文

植保机械

植物保护是农林生产的重要组成部分，是确保农林业丰产丰收的重要措施之一。植物保护主要通过以下 3 种方式进行：

（1）农业技术防治法，利用相应的农业技术，如通过品种选育、化肥施用、栽培方法改进、土壤改良等手段消灭病虫害。

（2）生物防治法，利用生物天敌，如瓢虫、赤眼蜂等消灭病虫害。

（3）物理防治法，利用植保机械防治，如牵引式喷药机、悬挂式喷药机。

一般按所用的动力，植保机械可分为人力（手动）植保机械、畜力植保机械、小动力植保机械、拖拉机配套植保机械、自走式植保机械、航空植保机械等。按照施用化学药剂的方法，植保机械可分为喷雾机、喷粉机、土壤处理机、种子处理机、撒颗粒机等。

具体实施方法有：（1）喷雾法，通过高压泵和喷头将药液雾化成100～300微米的雾滴。（2）弥雾法：利用风机产生的高速气流将大雾滴进一步破碎雾化成75～100微米的雾滴。弥雾法的特点是雾滴细小、飘散性好、分布均匀、覆盖面积大。（3）超低量法：利用高速旋转的齿盘将药液甩出，形成15～75微米的雾滴，又称超低容量喷雾法。（4）喷烟法：利用高温气流使预热后的烟剂发生热裂变，形成1～50微米的烟雾，再随高速气流吹送到远方。（5）喷粉法：利用风机产生的高速气流将药粉喷撒到农作物上。

补充词语

1	cuòshī	措施	measure	mesure
2	xiāomiè	消灭	eliminate	anéantir
3	bìngchónghài	病虫害	pests and diseases	parasites agricoles
4	tiāndí	天敌	natural enemy	ennemi naturel
5	piáochóng	瓢虫	ladybug	coccinelle
6	chìyǎnfēng	赤眼蜂	trichogramma	trichogramme
7	xuánguàshì	悬挂式	hanging type	de façon suspendue
8	yàojì	药剂	medicine	médicament
9	gāoyā	高压	high pressure	haute pression
10	bèng	泵	pump	pompe
11	yàoyè	药液	liquid medicine	médicament liquide
12	wùhuà	雾化	atomize	atomizer
13	wēimǐ	微米	micron	micron
14	míwù	弥雾	mist	brume
15	shuǎichū	甩出	throw out	jeter
16	yùrè	预热	preheat	réchauffer
17	yānjì	烟剂	smoke agent	agent de fumée
18	lièbiàn	裂变	split	fissionner

课堂练习

1. 请写出上文中你觉得需要熟练掌握的词语。

2. 请朗读下面的短文。

肥料主要分为有机肥料和化学肥料两大类，每大类中又都有固体和液体两类。

有机肥料不仅能增进土壤的有机质，改善土壤结构，提高保水能力，而且能提供植物所需的多种养分；化学肥料只含有一种或两三种营养元素。

3. 请问图 19-3 中的牛粪是有机肥还是化肥？请你介绍一下这种肥料在自己家乡的施用情况。

图 19-3

4. 请问图 19-4 所示农作物的种植需要施加什么化肥？

图 19-4（见书后彩图）

二、课堂仿说或仿写练习

【范文】离心力

离心力（centrifugal force）是一种惯性的表现，实际是不存在的。为使物体做圆周运动，物体需要受到一个指向圆心的力——向心力。若以此物体为原点建立坐标系，看起来就好像有一股与向心力大小相同、方向相反的力，使物体向远离圆周运动中圆心的方向运动。

【仿写短文】摩擦力（100个左右汉字）

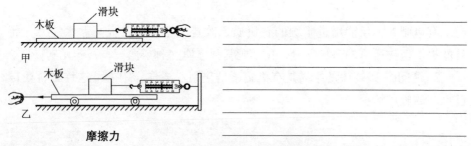

摩擦力

三、阅读拓展

离心力是一种虚拟力，是一种惯性的体现，可使旋转的物体远离它的旋转中心。在牛顿力学里，它曾被用于表述两个不同的概念：在一个非惯性参考系下观测到的一种惯性力，向心力的平衡。在拉格朗日力学体系下，离心力有时被用来描述在某个广义坐标系下的广义力。人们利用离心运动的原理制成的机械，称为离心机械。例如，离心分液器、离心节速器、离心式水泵、离心球磨机等都利用了离心运动的原理。离心运动在机械设备中是有害的，应设法防止。例如，砂轮的转速若超过规定的最大转速，砂轮的各部分将因离心运动而破碎。又如，火车转弯时，若速度太大，则会因倾斜的路面和铁轨提供给它的向心力不足以维持它做圆周运动而做离心运动，从而造成出轨事故。

补充词语

1	xūnǐ lì	虚拟力	virtual force	force virtuelle
2	guànxìng	惯性	inertia	inertie
3	xuánzhuǎn	旋转	rotate	tourner

4	Niúdùn	牛顿	Newton	Newton
5	lìxué	力学	mechanics	mécanique
6	gàiniàn	概念	concept	concept
7	guāncè	观测	observe	observer
8	xiàngxīnlì	向心力	centripetal force	force centripète
9	pínghéng	平衡	equilibrium	équilibre
10	miáoshù	描述	describe	décrire
11	guǎngyì	广义	in a broad sense	au sens large
12	zuòbiāoxì	坐标系	coordinate system	système de coordonées
13	fènyèqì	分液器	multidrop	distributeur de réactifs de laboratoire
14	jiésùqì	节速器	speed governer	régulateur de vitesse
15	shuǐbèng	水泵	pump	pompe
16	qiúmójī	球磨机	ball mill	broyeur à billes

课后练习

1. 复习短文生词并熟记读音或书写生词。

2. 请说说图 19-5 中是什么机械？

图 19-5

四、课后仿写

选择图 19-6 中的一种农用机械，仿写一篇 100 个左右汉字的短文。

(a) 旋转喷头　　　　　　　(b) 喷雾机　　　　　　　(c) 有机肥撒肥车

图 19-6

第二十课
节水灌溉及其灌溉系统的研发

 本课问题导向

1. 你知道节能灌溉有哪些作用吗？
2. 你见过哪些灌溉机械？
3. 在你的家乡，哪种灌溉方式最常用？

第二十课

专业启动板块

一、词语

1	yùcè	预测	prediction	prédiction
2	zīyuán	资源	resource	ressource
3	rìyì	日益	day by day	de plus en plus
4	jǐnquē	紧缺	in short supply	en quantité limitée
5	wēixié	威胁	threaten	menacer
6	pòjiě	破解	crack	résoudre
7	gēngdì	耕地	arable land	terre arable
8	dànshuǐ	淡水	fresh water	eau fraîche
9	nántí	难题	difficulty	difficulté
10	jiéshuǐ	节水	water saving	économie d'eau
11	guàngài	灌溉	irrigation	irrigation
12	guānjiàn	关键	key	clé
13	zuìdī	最低	lowest	le plus bas
14	xiàndù	限度	limit	limite

15	pēnguàn	喷灌	spray irrigation	irrigation par aspersion
16	wēiguàn	微灌	micro irrigation	micro-irrigation
17	qúdào	渠道	channel	canal
18	fángshèn	防渗	anti-seepage	anti-infiltration
19	gōngchéng	工程	project	projet
20	guǎndào	管道	pipeline	pipeline
21	shūshuǐ	输水	water delivery	livraison d'eau
22	chéngshúqī	成熟期	maturation period	période de maturité
23	miànjī	面积	area	superficie
24	lǜ	率	rate	taux
25	gōngnéng	功能	function	fonction
26	shèbèi	设备	equipment	équipement
27	tǒngchēng	统称	collectively called	appelés collectivement
28	pēnguànshì	喷灌式	spray-irrigation type	par irrigation par aspersion
29	wēiguànshì	微灌式	micro-irrigation type	par micro-irrigation
30	quánsù	全塑	all plastic	tout en plastique
31	xìtǒng	系统	system	système
32	zhǒnglèi	种类	species	espèces
33	jièzhù	借助	with the help of	avec l'aide de
34	shuǐbèng	水泵	pump	pompe à eau
35	pēnsǎ	喷洒	spray	vaporiser
36	shuǐdī	水滴	water droplet	goutte d'eau
37	xūqiú	需求	need	besoin
38	qìjù	器具	tool	appareil
39	gēnjì	根际	rhizosphere	rhizosphère
40	wēiliàng	微量	microscale	à l'échelle microscopique
41	shīrùn	湿润	moisturize	hydrater
42	ruǎnguǎn	软管	hose	tuyau
43	sāntōngfá	三通阀	three-way valve	vanne à trois voies

44	dīyā	低压	low pressure	basse pression
45	chūdìfá	出地阀	outlet valve	la vanne de sortie
46	gùdìngshì	固定式	stationary type	de façon stationnaire
47	yídòngshì	移动式	mobile type	de façon mobile

二、课文

据预测，到 2050 年，世界总人口将增加到 90 亿人，人类对粮食的需求将在当前的水平上再增长 70%～100%。全球淡水资源日益紧缺，已成为威胁农业发展和世界粮食供应安全的首要因素。要破解耕地面积有限、淡水资源紧缺和世界粮食需求上涨之间的难题，发展节水灌溉是关键。

节水灌溉是以最低限度的用水量获得最大的农业产量或收益的一种措施。欧美等农业发达国家在节水灌溉方面已经取得重大进展，并且普及程度较高。喷灌技术、微灌技术、渠道防渗工程技术、管道输水灌溉技术等节水灌溉技术已经进入成熟期，其中喷灌、滴灌又是最先进的节水灌溉技术。欧美发达国家 60%～80% 的灌溉面积采用喷灌、滴灌的灌溉方法，农业灌溉率已经达到 70% 以上。

节水灌溉设备是指具有节水功能、用于灌溉的机械设备的统称。其种类主要有喷灌式节水灌溉系统、微灌式节水灌溉系统、全塑节水灌溉系统。喷灌式节水灌溉系统借助水泵和管道系统将水喷洒至空中，形成水滴，对地面上的农作物进行灌溉；微灌式节水灌溉系统主要按照农作物的需求，通过管道和灌水器具，在农作物根际附近进行微量灌溉，只湿润部分土壤；全塑节水灌溉系统的结构包括软管三通阀、低压出地阀、半固定式与移动式喷灌，它的使用范围相对较广，可以用于农业生产的各个方面。

三、词语练习

1. 依据课文填空

① 节水灌溉是以最低_____的用水量获得最大的农业 _____或收益的一种措施。欧美等农业发达国家在_____灌溉方面已经取得重大进展，并且普及程度较高。喷灌_____、微灌技术、_____防渗工程技术、管道_____灌溉技术等节水灌溉技术已经进入_____期，其中喷灌、滴灌又是最先进的节水灌溉技术。

② 喷灌式节水灌溉系统＿＿＿＿水泵和管道＿＿＿＿将水喷洒至空中，形成＿＿＿＿，对地面上的农作物进行灌溉；微灌式节水灌溉系统主要按照农作物的＿＿＿＿，通过管道和灌水器具，在农作物根际附近进行＿＿＿＿灌溉，只＿＿＿＿部分土壤；全塑节水灌溉系统的使用范围相对＿＿＿＿，可以用于农业生产的各个方面。

2. 看拼音写词语

pēnguàn	wēiguàn	qúdào	fángshèn
＿＿＿＿	＿＿＿＿	＿＿＿＿	＿＿＿＿
gōngchéng	guǎndào	shūshuǐ	chéngshúqī
＿＿＿＿	＿＿＿＿	＿＿＿＿	＿＿＿＿
miànjī	lǜ	gōngnéng	shèbèi
＿＿＿＿	＿＿＿＿	＿＿＿＿	＿＿＿＿
quánsù	xìtǒng	jièzhù	shuǐbèng
＿＿＿＿	＿＿＿＿	＿＿＿＿	＿＿＿＿
zīyuán	pēnsǎ	shuǐdī	xūqiú
＿＿＿＿	＿＿＿＿	＿＿＿＿	＿＿＿＿

四、课堂表述与讨论

1. 请问图 20-1 所示是什么灌溉方式？

图 20-1

2. 请问图 20-2 中的灌溉机械有什么优点?

图 20-2

专业进阶板块

一、拓展课文

滴灌的故事

滴灌技术最早产生于以色列。以色列是个沙漠国家,自然很缺水,所以如何利用稀少的淡水浇灌农作物就成了以色列农技师很关注的问题。1962 年,基布兹(集体农庄)的西姆切·布拉斯(Simcha Blass)偶然发现农田里有一处水管漏水处的庄稼长得格外好,他马上意识到水在同一地点慢慢渗入土壤是减少蒸发的一种高效灌溉法,也是控制水、肥和农药实施的最有效的办法。于是布拉斯设计出一种用于滴灌的软管,并应用到生产实践中。1965 年,布拉斯在集体农庄发起成立耐特菲姆公司(NETAFIM),并立即得到政府的大力支持;1966 年,耐特菲姆公司研发出世界上第一个内置滴头,并且首次卖出自己的产品,以色列政府也开始大力推广滴灌系统;1978 年,该公司研发出世界上第一个压力补偿滴头;1982 年,为重复利用滴头,公司又研发出 RAM 多季节滴头;1994 年,RAM 多季节滴头进入园林绿化市场;1996 年,公司研发出在线压力补偿滴头;1997 年,为俄罗斯、中国和墨西哥提供温室产品和服务后,以色列正式把温室产品作为一项单独的业务进行开发……

滴灌

补充词语

1	Yǐsèliè	以色列	Israel	Israël
2	shāmò	沙漠	desert	désert
3	xīshǎo	稀少	rare	rare
4	jiāoguàn	浇灌	irrigate	irriguer
5	nóngjìshī	农技师	agricultural technician	technicien agricole
6	guānzhù	关注	pay attention to	porter une attention
7	Jībùzī	基布兹	Kibbutz	Kibboutz
8	ǒurán	偶然	by chance	accidentel
9	lòushuǐ	漏水	water leakage	fuite d'eau
10	géwài	格外	particularly	notamment
11	yìshi	意识	realize	prendre conscience de
12	shènrù	渗入	infiltrate	infiltrer
13	jiǎnshǎo	减少	reduce	réduire
14	zhēngfā	蒸发	evaporation	évaporation
15	gāoxiào	高效	efficient	efficace
16	ruǎnguǎn	软管	hose	tuyau
17	nèizhì	内置	built-in	intégré
18	dītóu	滴头	dripper	goutteur
19	bǔcháng	补偿	compensate	compenser
20	Éluósi	俄罗斯	Russia	Russie
21	Mòxīgē	墨西哥	Mexico	Le Mexique
22	wēnshì	温室	greenhouse	serre

课堂练习

1. 请写出上文中你觉得需要熟练掌握的词语。

2. 请朗读下面的短文。

农业作为中国的经济命脉和"用水大户"，长期以来，由于思想意识、资金、技术等方面的因素，一直沿用传统落后的大水漫灌方式，极大地浪费了人力及物力资源。在中国广大农村地区逐渐推广节水灌溉设备已经成为现代社会、现代农业的一个主流趋势。

3. 请问图 20-3 所示灌溉设备是什么？请你介绍一下自己家乡使用这种灌溉设备的情况。

图 20-3

4. 请问图 20-4 所示农作物在种植时期最需要什么？

图 20-4

二、课堂仿说或仿写练习

【范文】滴灌公司

目前，以色列做得最好的滴灌技术公司是耐特菲姆公司。耐特菲姆公司是滴灌技术的发明者，也是全球最大的滴灌设备生产厂家，以色列最大的农业综合公司，至今已有超过50年的全球生产和销售历史。作为全球灌溉领域的行业先锋和领导者，耐特菲姆公司不断开拓进取，为全球提高农作物的产量持续提供高效的灌溉节水技术。

【仿写短文】苹果公司（100个左右汉字）

_____

_____

_____

_____

三、阅读拓展

滴灌的原理看起来很简单，然而，如何让水均衡地滴渗到每棵作物的根系处却非常复杂。以一个深埋地下的简单喷嘴为例，它就凝聚了大量的高科技。首先，它由电脑控制，依据传感器传回的土壤数据，决定何时浇水，浇多还是浇少，在绝不浪费水的同时也得保证农作物生长的需要。其次，为防止农作物的根系生长堵塞喷嘴，喷嘴周围需涂抹专门的药剂，以达到精确抑制根系周边一个极小范围内的其他根系的生长的目的。再其次，为防止土壤自然陷落堵塞喷嘴，需要在喷水系统中平行布置一个充气系统，灌溉完毕后即刻充气防堵。最后，以色列不能大量使用可饮用水灌溉，因此滴灌使用的是回收水，为防止回收水中的杂质堵塞喷嘴，需要在回流罐中使用环保的物理方法沉淀杂质，并在管线中安装第二道过滤阀门。铺完管线以后，集体农庄的社员就可用手机中的应用程序，在任何时间、任何地点科学地浇灌及管理他的农作物了。

补充词语

1	jūnhéng	均衡	balanced	équilibré，e
2	dīshèn	滴渗	drip	goutter
3	gēnxì	根系	root	racine

4	chuángǎnqì	传感器	sensor	capteur
5	dǔsè	堵塞	block	bloquer
6	túmǒ	涂抹	smear	appliquer
7	yàojì	药剂	medicine	médicamment
8	yìzhì	抑制	inhibit	inhiber
9	xiànluò	陷落	fall	tomber
10	píngxíng	平行	parallel	parallèle
11	jíkè	即刻	immediately	immédiatement
12	chéndiàn	沉淀	precipitate	précipiter
13	guòlǜ	过滤	filter	filtrer
14	fámén	阀门	valve	valve

课后练习

1. 复习短文生词并熟记读音或书写生词。

2. 请说说图 20-5 中的灌溉方式。

图 20-5

四、课后仿写

选择图 20-6 中的一种灌溉方法，仿写一篇 100 个左右汉字的短文。

(a)　　　　　　　　　(b)　　　　　　　　　(c)

图 20-6

第二十一课
农田微气象观测及其设备安装

 本课问题导向

1. 农田微气象观测的重要作用是什么？
2. 怎样满足农业气象多参数测定的要求？
3. 如何安装农业气象站？

第二十一课

专业启动板块

一、词语

1	shōucheng	收成	harvest	récolte
2	xīxī-xiāngguān	息息相关	closely related	étroitement lié
3	qìxiàng	气象	meteorology	météorologie
4	wēixíng	微型	minisize	miniature
5	qìxiàngzhàn	气象站	weather station	station météo
6	yùjǐng	预警	early warning	alerte précoce
7	cuòshī	措施	measure	mesure
8	èliè	恶劣	bad	mal
9	yìngduì	应对	respond	répondre à
10	cānshù	参数	parameter	paramètre
11	qìyā	气压	air pressure	pression de l'air
12	guānghé	光合	photosynthetic	photosynthèse
13	fúshè	辐射	radiation	radiation
14	jīdì	基地	base	base

15	zìxíng	自行	on one's own	par eux-même
16	tiānjiā	添加	add	ajouter
17	tuòzhǎn	拓展	expand	développer
18	wàijiē	外接	connect from outside	connecter de l'extérieur
19	chuángǎnqì	传感器	sensor	capteur
20	cèdìng	测定	survey and evaluate	sonder et évaluer
21	zhēdǎng	遮挡	shelter	abriter
22	kōngkuò	空阔	spacious	spacieux, se
23	zhījià	支架	support	support
24	chākǒng	插孔	socket	prise
25	cháoxiàng	朝向	towards	envers
26	yǐmiǎn	以免	so as not to	pour ne pas
27	kāijījiàn	开机键	power button	bouton d'alimentation
28	shùjù	数据	data	data
29	shèzhì	设置	set up	installer
30	cǎijí	采集	collect	recueillir
31	shàngchuán	上传	upload	télécharger
32	zhǔjī	主机	host computer	serveur
33	màijìn	迈进	step forward	pas en avant
34	bùfá	步伐	pace	pas

二、课文

农业收成的好坏与气象环境息息相关。要将气象环境对农业生产的不利影响降到最小，最有效的办法就是采用微型气象站来加强气象观测，对恶劣环境做好有效的预警，及时采取相应措施来应对恶劣气象对农业生产的不利影响。

微型气象站测量的气象参数最常见的是空气温度、空气湿度、风速、风向、雨量、气压、光合辐射、蒸发、土壤温度等。不过一些对气象环境要求比较高的农业生产基地需要更多参数，这就要根据需求自行添加传感器。微型气象站提供了强大的拓展功能，可以根据要求外接不同的传感器，以满足农业气象多参数测定的要求。

微型气象站安装简单方便。安装前，专业技术员必须认真阅读安装说明书，严格按照安装步骤进行。首先，安装位置要提前确定好，最好在空阔的地方，周围没有遮挡物，太高的建筑物会影响风向与风速，导致测量不准。其次，先安装好支架，然后在传感器插孔位置插好传感器，并安装 SIM 卡，以保障数据正常上传。再其次，太阳能电板一定要朝南，以免造成后期电量不足而关机。最后，全部安装完成后，按主机开机键，设置采集时间，一般选择一个小时上传一组数据。主机设置完成后，将主机盒锁好。

微型气象站

微型气象站的应用，不仅为农技推广人员指导农民科学种田提供了强有力的数据保障，而且进一步加快了农业向现代化迈进的步伐。

◦三、词语练习

1. 依据课文填空

① 农业_____的好坏与气象环境_____。要将气象环境对农业生产的不利影响降到最小，最有效的办法就是采用_____来加强气象观测，对恶劣环境做好有效的_____，及时采取相应措施来应对_____气象对农业生产的不利影响。

② 一些对气象环境要求比较高的农业生产_____需要更多参数，这就要根据需求_____传感器。微型气象站提供了强大的_____功能，可以根据要求外接不同的_____，以满足农业气象多参数测定的要求。

③ 微型气象站安装简单方便。安装前，专业技术员必须_____阅读安装说明书，严格按照安装_____进行。首先，安装_____要提前确定好，最好在空阔的地方，周围没有_____，太高的建筑物会影响风向与风速，导致_____不准。其次，先安装好支架，然后在_____插孔位置插好传感器，并安装 SIM 卡，以保障数据正常_____。再其次，太阳能电板一定要朝南，以免造成后期电量不足而关机。

2. 看拼音写词语

shōucheng	xīxī-xiāngguān	wēixíng	yùjǐng
_____	_____	_____	_____
èliè	qìyā	fúshè	tuòzhǎn
_____	_____	_____	_____
chuángǎnqì	cèdìng	zhēdǎng	kōngkuò
_____	_____	_____	_____
chākǒng	shùjù	zhǔjī	
_____	_____	_____	

四、课堂表述与讨论

1. 请结合课文内容，说说图 21-1 中设备的名字，并讨论这种设备在农业中的作用。

图 21-1

2. 结合课文内容，指出图 21-2 中气象检测设备的组成部分的名称（至少三个部分）。

图 21-2

3. 根据课文内容，讨论图 21-3 中微型气象站的安装位置是否恰当。若不恰当，请说出理由。

图 21-3

专业进阶板块

一、拓展课文

便携式气象站

便携式气象站（portable weather station）是一款便于携带，使用方便，测量精度高，集成多项气象要素的可移动观测系统。

便携式气象站可采集空气温度、空气湿度、风向、风速、太阳辐射、雨量、气压、光照度、土壤温度、土壤湿度等多项信息并做出公告和趋势分析。该系统采用新型一体化结构设计理念，采集器与传感器采用一体化设计，无须安装拆卸，开箱即可测量，可放在各种现场环境的随意位置监测使用（如田间、树丛、建筑、山谷等），是使用最为便捷的气象观测站。

核心监测部分整体重量不超过 5 kg，高度集成，体积小巧，携带方便，同时可配置车载式托盘支架，方便在车顶进行移动观测，便于提供现场应急性气象服务，可以有效地保证数据的及时性和准确性。

便携式气象站做工精良，功耗低。内部采用节能模式设计，可用太阳能电池板方式供电，也可用市电或汽车电源等方式供电。外部采用抗恶劣环境结构设计，防水、防震、防尘、防潮的等级均达到国家标准，以保障其设备在雷雨、风雪环境中持续不间断地工作。

补充词语

1	biànxiéshì	便携式	portable	portable
2	jíchéng	集成	integrate	intégrer
3	gōnggào	公告	announcement	annonce
4	qūshì	趋势	trend	tendance
5	yìtǐhuà	一体化	unify	unifier
6	biànjié	便捷	convenient	pratique
7	chēzǎishì	车载式	vehicular	dans le véhicule
8	yìngjíxìng	应急性	emergency	urgence
9	gōnghào	功耗	power consumption	consommation d'énergie
10	jiénéng	节能	energy saving	économie d'énergie
11	shìdiàn	市电	alternating current	courant alternatif
12	jīngliáng	精良	sophisticated	sophistiqué, e

课堂练习

1. 请熟练掌握以下词语。

便携式　　　携带　　　　气象要素　　设计理念　　一体化　　　功耗
高度集成　　体积小巧　　趋势　　　　安装拆卸　　做工精良

2. 请朗读短文，并回答问题。

（1）什么是便携式气象站？

（2）便携式气象站的设计有什么特点？

（3）便携式气象站可以在什么环境下工作？

3. 请朗读下面关于"便携式气象站"的一段文字。

数据采集器采用高性能微处理器作为主控 CPU，内置大容量存储器，采用便携式防震结构、工业控制标准设计，适合在恶劣的工业环境或野外环境中使用，且具有停电保护功能，断电后已存储数据不会丢失，当交流电停止供电后，将改由太阳能电池板和充电电池供电，可连续工作 48 小时以上。

二、仿写练习

【范文】农业气象站

农业气象站是一种能自动观测与储存气象观测数据的设备，主要功能是实时监测风向、风速、温度、湿度、气压、草温等气象要素，以及土壤含水量的数据变化。当今，农业气象站有多种类型，但结构基本相同，主要由传感器、采集器、系统电源、通信接口及外围设备等组成。

【仿写短文】微型气象站（100个左右汉字）

_____

_____

_____

_____

三、阅读拓展

森林气象站可自动监测风向、风速、气温、湿度、雨量等，每小时定时将现场气象和图像参数传输到防火指挥中心，自动计算出当时的森林火险等级，并发送现场的全景视频图像，做到远程瞭望，及时监测初期火点，为防火决策提供科学依据。

森林气象站由气象传感器、微电脑气象数据采集仪、电源系统、轻型百叶箱、野外防护箱和不锈钢支架等部分构成。风速、风向等传感器为气象专用传感器，具有高精度和高可靠性的特点。微电脑气象数据采集仪具有友好的人机界面，具备气象数据采集、实时时钟、气象数据定时存储、参数设定和标准通信等功能，广泛应用于气象、环保、机场、农林、军事、科学研究等领域。

森林气象站将更加智能化、人性化和科学化地监控森林农场的生产和管理。

补充词语

1	fánghuǒ	防火	fire prevention	prévention d'incendies
2	zhǐhuī	指挥	command	commander
3	quánjǐng	全景	panoramic view	vue panoramique

4	yuǎnchéng	远程	remotely	à distance
5	liàowàng	瞭望	watch from a height or a distance	regarder d'une hauteur ou d'une distance
6	bǎiyèxiāng	百叶箱	shutter box	caisson d'obturation
7	fánghù	防护	protect	protéger
8	bùxiùgāng	不锈钢	stainless steel	acier inoxydable
9	jièmiàn	界面	interface	interface

课后练习

1. 复习短文生词并熟记读音或书写生词。

2. 阅读短文并回答下列问题

（1）森林气象站有哪些作用？

（2）森林气象站由几部分组成？

（3）森林气象站的各部分各有什么特点或功能？

四、课后仿说

选择图 21-4 中的一种气象站，仿写一篇 100 个左右汉字的说明文。

(a) 校园气象站　　　　　　　　(b) 森林气象站

图 21-4（见书后彩图）

第二十二课

谷物联合收割机概述

第二十二课

本课问题导向

1. 你知道谷物联合收割机的主要部件有哪些吗?
2. 你知道谷物联合收割机具体有哪些类型吗?
3. 在你的家乡,农业生产以哪种收割机为主?

专业启动板块

一、词语

1	gǔwù	谷物	cereals	céréales
2	shìjì	世纪	century	siècle
3	shuǐdào	水稻	rice	riz
4	gētái	割台	cutting table	table de découpe
5	jíqí	及其	and its...	et son, sa
6	zhízhū	植株	plant	plante
7	gēduàn	割断	cut off	couper
8	shōují	收集	collect	recueillir
9	gēfú	割幅	cut width	largeur de coupe
10	cānshù	参数	parameter	paramètre
11	tōngcháng	通常	usually	d'habitude
12	fādòngjī	发动机	engine	moteur
13	gōnglǜ	功率	power	puissance
14	tuō lì	脱粒	thresh	battre

15	quèdìng	确定	determine	déterminer
16	wèirù	喂入	feed	nourrir
17	cáotǐ	槽体	tank	char
18	chǐxíng	齿形	tooth shape	forme de dent
19	shūsòngliàn	输送链	conveyor chain	chaîne de transport
20	liàntiáo	链条	chain	chaîne
21	jūnyún	均匀	evenly	uniformément
22	gǔntǒng	滚筒	roller	rouleau
23	āobǎn	凹板	concave plate	plaque concave
24	wéngǎnshì	纹杆式	bar type	type de barre
25	dīngchǐshì	钉齿式	spike teeth type	type de dents en pointe
26	gǔntǒngshì	滚筒式	roller type	type de rouleau
27	zhóuliúshì	轴流式	axial flow type	type d'écoulement axial
28	kēlì	颗粒	particle	particule
29	jīnggǎn	茎秆	stalk	tige
30	fēnlí	分离	detach	séparer
31	chōngjī	冲击	assault	attaquer
32	zhèndòng	振动	vibrate	vibrer
33	dǐbù	底部	bottom	fond
34	shāiwǎng	筛网	sift	crible
35	róngjī	容积	volume	volume
36	xièchū	卸出	unload	décharger

二、课文

　　在中国，谷物联合收割机的使用和推广发生在 20 世纪 70 年代初期，其主要用于小麦和水稻的收获。谷物联合收割机经历了牵引式、悬挂式的普及阶段，最终发展为现代化的自走式联合收割机，结构和相关技术原理也已经相当完善了。谷物联合收割机的主要部件及工作原理如下：

　　（1）割台，是对谷物及其植株进行割断和收集的主要部件。割台根据联合收割机的工作性能不同而具有不同的割幅，割幅的参数通常根据发动机的功率、输送能力、脱粒能力来确定。

（2）输送装置，是对割台割断后喂入的植株进行运输的装置。通常情况下，它连接割台与脱粒装置。输送装置的结构包括输送槽体和齿形输送链，其通过输送链条的往复转动带动作物的同步运动，并将收集的谷物均匀地喂入脱粒装置。

（3）脱粒装置，主要由喂入装置、滚筒和凹板组成，按照滚筒结构的不同可分为纹杆式滚筒、钉齿式滚筒、双滚筒式、轴流式滚筒四种。

（4）分离及清选装置，主要将谷物颗粒与茎秆进行分离。其原理是通过反复的冲击和振动，使谷物颗粒穿过茎秆和底部筛网结构，从而实现秸秆与谷物的分离。

（5）集粮装置，主要用来对清选后的谷物进行收集。割台幅宽和谷物联合收获装置的效率不同，集粮装置的容积也各不相同。除对谷物进行收集外，集粮装置还具备将谷物卸出的功能。

三、词语练习

1. 依据课文填空

① 在中国，_____联合_____的使用和推广发生在 20 世纪 70 年代初期，其主要用于小麦和水稻的收获。谷物联合收割机经历了_____式、悬挂式的_____阶段，最终发展为现代化的自走式_____收割机，结构和相关技术原理也已经相当完善了。

② 输送装置，是对_____割断后喂入的植株进行_____的装置。通常情况下，它连接割台与_____装置。输送装置的_____包括输送槽体和_____输送链，其通过_____链条的往复_____带动作物的同步运动，并将_____的谷物均匀地喂入脱粒装置。

2. 看拼音写词语

gēfú	cānshù	tōngcháng	fādòngjī
_____	_____	_____	_____
gōnglǜ	tuō lì	quèdìng	wèirù
_____	_____	_____	_____
zhízhū	wéngǎnshì	dīngchǐshì	gǔntǒngshì
_____	_____	_____	_____

zhóuliúshì　　　kēlì　　　jīnggǎn　　　fēnlí

_____　_____　_____　_____

chōngjǐ　　　zhèndòng

_____　_____

四、课堂表述与讨论

1. 请问图 22-1 中的谷物收割机由哪些部件构成?

图 22-1

2. 请问图 22-2 所示谷物收割过程有哪些步骤?

图 22-2

专业进阶板块

○ 一、拓展课文

收割机的保养

对于联合收割机来说，不但在工作期间要对其进行保养，在工作后也要对其进行保养。因为收割机工作的时间比较短，相对集中在几个月里，大部分时间是闲置的，所以收割机在使用后一定要进行全面的清理，将各部分零件卸下之后，按照说明书的要求，将其保管起来，等到下次收割时再重新安装好使用。这样不但可以使收割机的功能得到良好的发挥，收割机的各部分零件得到保护，收割机的使用寿命得以延长，而且可以节省更换零部件的经费，节约维修农机的时间。可以说，这是一举两得的好事情。

联合收割机在闲置时进行保养可以确保机器的完好性。保养主要有两步：第一步，清除机身表面尘土和污物，这是比较容易做到的；对于机身内部，需要认真清理机身里面的草屑、油污、断秸，每一处都不能马虎，使机身内部保持干净状态，从而有益于下次的使用。第二步，保养链条。对于卸下的链条，不能用水清洗，这样会使链条生锈，而要用柴油清洗，清洗干净后浸泡在机油中 20 分钟左右，再用合适的纸将其包好，以备下次使用。

补充词语 ⌄

1	bǎoyǎng	保养	maintain	entretenir
2	xiánzhì	闲置	idle	inactif, ve
3	qīnglǐ	清理	clean up	nettoyer
4	xièxià	卸下	unload	décharger
5	shuōmíngshū	说明书	manual	manuel
6	bǎoguǎn	保管	safekeep	garder
7	chóngxīn	重新	from the start	dès le début
8	bǎohù	保护	protection	protection
9	yáncháng	延长	extend	prolonger

10	shòumìng	寿命	lifetime	durée de vie
11	jīngfèi	经费	funding	dépenses
12	wéixiū	维修	repair	réparer
13	yījǔ-liǎngdé	一举两得	kill two birds with one stone	faire d'une pierre deux coups
14	quèbǎo	确保	make sure	s'assurer
15	wánhǎoxìng	完好性	integrity	intégrité
16	qīngchú	清除	clear	dégager
17	jīshēn	机身	body	corps
18	chéntǔ	尘土	dust	poussière
19	wūwù	污物	filth	saleté
20	qīngxǐ	清洗	clean	nettoyer
21	shēngxiù	生锈	rust	rouiller
22	cháiyóu	柴油	diesel fuel	gas-oil
23	jìnpào	浸泡	soak	tremper

课堂练习 ⌄⌄

1. 请写出上文中你觉得需要熟练掌握的词语。

2. 请朗读下面的短文。

中国目前开发研制的玉米联合收割机大体可分为四种类型：牵引式机型、背负式机型、自走式机型、玉米割台。其中，牵引式玉米联合收割机由拖拉机牵拉作业，作业时由拖拉机牵引收获机再牵引果穗收集车，配置较长，因此转弯、行走不便，主要应用在大型农场。

3. 请问图 22-3 中的收割机是什么类型？

图 22-3

4. 请问图 22-4 中的这种农作物最好使用什么机械收割？

图 22-4

二、课堂仿说或仿写练习

【范文】微耕机

　　微耕机在中国辽东地区使用广泛，特别是在山区、丘陵旱地、蔬菜地、果园、温室大棚等地理条件复杂，以及狭小崎岖的地块中应用效果显著。微耕机具有体积小、功率大、油耗低、操作轻便灵活等特点，耕作效率也非常高，每小时可耕作一亩地左右。微耕机还可以配套相应的农具完成灭茬、水田耙地、深耕碎土、开沟、犁耕等多种类型的耕作，机具在作业中能够达到农业工艺技术的要求，还可以进行小规模的喷灌、抽水、机具收割和发电等多种类作业。微耕机因其一机多功能的特点而深受广大农民的喜爱。

【仿写短文】整地机械（100个左右汉字）

_____

_____

_____

_____

三、阅读拓展

　　农作物脱粒设备主要有：（1）纹杆式滚筒，是利用滚筒的纹理与凹板之间的反复摩擦来实现脱粒的一种模式。它既能保证较高的脱粒效率又能有效减少谷物损伤和秸秆折断，可适应多种谷物的收获。（2）钉齿式滚筒，是利用钉齿的梳刷和打击作用来进行脱粒的一种模式，对作物茎秆的抓取和脱粒的能力都比较强，目前仅适用于稻麦两熟地区的谷物联合收获机。（3）双滚筒式，是通过前后两组滚筒共同完成脱粒工作的一种模式，具有谷物损伤小、收获质量高的优点，但是也存在结构复杂、秸秆破损率高的缺点。（4）轴流式滚筒，是沿切向进行旋转脱粒的滚筒形式，谷物的植株会随着滚筒做圆周运动，同时在导向板的作用下进行轴向移动。轴流式滚筒的脱粒能力较强，但脱粒时间较长，脱粒结构所占空间较大。

补充词语

1	tuōlì	脱粒	thresh	battre
2	wéngǎnshì	纹杆式	bar type	type de barre
3	wénlǐ	纹理	texture	texture
4	āobǎn	凹板	concave plate	plaque concave
5	mócā	摩擦	rub	frotter
6	sǔnshāng	损伤	damage	dégâts
7	jiēgǎn	秸秆	straw	paille
8	zhéduàn	折断	break off	rompre
9	dīngchǐshì	钉齿式	spike teeth type	type de dents en pointe
10	shūshuā	梳刷	brush	brosse
11	jīnggǎn	茎秆	stalk	tige

12	zhuāqǔ	抓取	grab	saisir
13	pòsǔnlǜ	破损率	damage rate	taux de dégâts
14	yán	沿	along	sur
15	qiēxiàng	切向	tangential direction	direction tangentielle

课后练习

1. 复习短文生词并熟记读音或书写生词。

2. 请说说图 22-5 所示收割机的收割步骤有哪些？

图 22-5

四、课后仿写

选择图 22-6 中的一种收割机，仿写一篇 100 个左右汉字的短文。

(a)　　　　　　　　(b)　　　　　　　　(c)

图 22-6（见书后彩图）

第二十三课
农产品初加工及精深加工机械概况

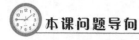 **本课问题导向**

1. 你知道农产品初加工有哪些内容吗？
2. 农产品初加工会改变产品的内在成分吗？
3. 你的家乡以哪种农作物初加工为主？

第二十三课

专业启动板块

一、词语

1	shèjí	涉及	involve	impliquer
2	nèizài	内在	inner	intérieur, e
3	chéngfèn	成分	element	élément
4	qīnglǐ	清理	clean up	nettoyer
5	bāozhuāng	包装	pack	emballer
6	jīngxì	精细	fine	fin, e
7	dànbáizhì	蛋白质	protein	protéine
8	zīyuán	资源	resource	ressource
9	yóuzhī	油脂	grease	graisse
10	yíngyǎng	营养	nutrition	nutrition
11	chéngpǐn	成品	finished product	produit fini
12	tèxìng	特性	characteristic	caractéristique
13	gānzào	干燥	dry	sécher
14	málèi	麻类	hemp	chanvre

15	bāozhì	剥制	peel	peler
16	jījù	机具	machine and tool	machine et outil
17	chūzhì	初制	primary	primaire
18	sìliào	饲料	fodder	fourrage
19	qīngxuǎn	清选	clear and choose	nettoyer et choisir
20	shǔlèi	薯类	yam	patate douce
21	xǐdí	洗涤	wash	laver
22	qiē piàn	切片	slice	trancher
23	qiē sī	切丝	shred	déchiqueter
24	diànfěn	淀粉	amylum	amidon
25	fěnsī	粉丝	vermicelli made from bean	vermicelles à base d'amidon de haricot
26	chéngtào	成套	complete set	ensemble complet
27	guāguǒlèi	瓜果类	melons and fruits	melons et fruits
28	dòuzhìpǐn	豆制品	soy products	des produits à base de soja
29	guǒpǐn	果品	fruit	fruit
30	yāncǎo	烟草	tobacco	tabac
31	tiáozhì	调制	modulation	modulation
32	fājiào	发酵	fermentation	fermentation
33	niàngzào	酿造	brewing	brassage
34	rǔzhìpǐn	乳制品	dairy products	produits laitiers
35	shuǐlì	水力	hydraulic power	énergie hydraulique
36	fēnglì	风力	wind power	énergie éolienne
37	zhǎoqì	沼气	biogas	biogaz
38	tàiyángnéng	太阳能	solar energy	énergie solaire
39	jiǎotà	脚踏	pedal	pédal, e

二、课文

农产品初加工是指不涉及改变农产品内在成分的一次性加工，包括对收获的各种农产品进行清理、分类、包装等简单的加工处理，以便为初级市场提供产品和服务。农产品的深加工是指对农产品进行二次以上的精细加工，包括对农产品的蛋白质资源、油脂资源、营养资源及其他活性成分的提取和利用。

农产品加工机械是指把各类农产品加工成供直接消费的成品、生产用的种子和工业原料的机械设备。广义的农产品加工机械还包括各种畜产品、林产品和水产品的加工机械和设备。然而，不同的农产品有不同的加工要求和加工特性，同一种农产品通过不同的加工过程可以得到不同的成品。因而许多不同类型和品种的农产品加工机械相继出现，如各种粮食加工机械、谷物干燥设备、油料加工机械、棉花加工机械、麻类剥制机具、茶叶初制机械、饲料加工机械、种子清选机械和种子处理设备等。此外，各种薯类洗涤切片和切丝机械，磨制淀粉和粉丝的成套设备，瓜果类洗涤、分级机械，各种豆制品加工机械，果品加工机械，烟草调制设备，发酵和酿造设备，以及乳制品加工机械等也是应用较广的农产品加工机械。

农产品加工机械可由拖拉机、内燃机或电动机驱动，也可由水力、风力、沼气、太阳能等能源装置驱动，简单的轻、小型加工机械还可用手摇、脚踏等人力方式驱动。

三、词语练习

1. 依据课文填空

① 农产品初加工是指不_____改变农产品_____成分的一次性加工，包括对收获的各种农产品进行_____、分类、包装等简单的加工_____，以便为初级市场提供产品和服务。农产品的深加工是指对农产品进行二次以上的_____加工，包括对农产品的_____资源、油脂资源、营养_____及其他_____成分的提取和利用。

② 各种薯类_____切片和切丝机械，磨制淀粉和_____的成套设备，瓜果类_____、分级机械，各种_____加工机械，果品加工机械，烟草_____设备，发酵和_____设备，以及乳制品_____机械等也是_____较广的农产品加工机械。

2. 看拼音写词语

bāozhuāng	jīngxì	dànbáizhì	zīyuán
_____	_____	_____	_____
yóuzhī	yíngyǎng	chéngpǐn	tèxìng
_____	_____	_____	_____
gānzào	málèi	bāozhì	xǐdí
_____	_____	_____	_____
dòuzhìpǐn	guǒpǐn	yāncǎo	tiáozhì
_____	_____	_____	_____
fājiào	niàngzào	rǔzhìpǐn	shuǐlì
_____	_____	_____	_____

四、课堂表述与讨论

1. 请看图 23-1 所示是什么农产品？如何进行初加工？

图 23-1

2. 请问图 23-2 所示食品的原材料是什么？

图 23-2

专业进阶板块

一、拓展课文

中国是农业大国，人口众多，粮食需求量大，粮食产量在世界上名列前茅。丰富的粮食资源为中国玉米加工成套设备等粮食加工产业的发展，提供了重要的物质基础和巨大的市场容量。

近年来，中国玉米加工成套设备行业不断创新，随着高、精、尖的加工手段的应用，不仅使设备表面平整度和光洁度与国外先进设备相差无几，而且内在质量也有了很大提高。现在中国已有设备的产品性能和经济技术指标已接近或达到国外同类产品的先进水平。作为种植大国及消费大国，中国今后要着重发展玉米精深加工，大力开发玉米加工产品的多种用途。这是当今玉米加工成套设备行业发展新方向。

玉米淀粉再加工是玉米加工成套设备加工的重要方面。据了解，中国生产的玉米淀粉占国内淀粉生产量的85%左右。利用玉米加工成套设备对玉米淀粉再加工，主要采用了生物技术和化工技术。由于大众需求拉动、设备替代推动，以及玉米供求等因素的共同影响，国内玉米加工成套设备企业的发展前景广阔。

补充词语

1	mínglièqiánmáo	名列前茅	at the top of the list	au top parmi tout
2	chéngtào	成套	complete set	ensemble complet
3	shèbèi	设备	equipment	équipement
4	gāo	高	advanced	avancé, e
5	jīng	精	accurate	précis, e
6	jiān	尖	sophisticated	sophistiqué, e
7	píngzhěngdù	平整度	flatness	platitude
8	guāngjiédù	光洁度	polished degree	degré de poli
9	xiàngchāwújǐ	相差无几	almost the same	presque le même
10	xìngnéng	性能	performance	performance

11	zhǐbiāo	指标	indicator	indicateur
12	zhuózhòng	着重	focus	se concentrer
13	jīngshēn	精深	profound	profond，e
14	diànfěn	淀粉	amylum	amidon

课堂练习

1. 请写出上文中你觉得需要熟练掌握的词语。

2. 请朗读下面的短文。

为实现各加工工序之间的连续作业，可将若干台不同工序的加工机械组合成机组、加工车间或综合加工厂，在上道工序和下道工序之间采用各种输送设备来运送被加工的物料和中间产品，使农作物加工机械的操纵、调节和控制逐步实现自动化。

3. 请问生产图 23-3 所示食品需要哪几道加工工序？

图 23-3

4. 请问将图 23-4 所示农作物加工成食品需要哪些工序？

图 23-4

◦二、课堂仿说或仿写练习

【范文】粗粮初加工

通过对燕麦、荞麦、高粱、谷子等杂粮进行清理去杂、脱壳、烘干、磨粉、轧片、冷却、包装等简单加工处理，可制成燕麦米、燕麦粉、燕麦麸皮、燕麦片、荞麦米、荞麦面、小米、小米面、高粱米、高粱面。

【仿写短文】提炼豆油（100个左右汉字）

_____

_____

_____

_____

_____

_____

豆油

◦三、阅读拓展

粮食初加工通常分为以下几种：

（1）小麦初加工。通过对小麦进行清理、配麦、磨粉、筛理、分级、包装等简单加工处理，制成面粉及各种专用粉。

（2）稻米初加工。通过对稻谷进行清理、脱壳、碾米、烘干、分级、包装等简单加工处理，制成成品粮及其初制品。

（3）玉米初加工。①通过对玉米籽粒进行清理、浸泡、粉碎、分离、脱水、干燥、分级、包装等简单加工处理，生产出玉米粉、玉米碴、玉米片等；②鲜嫩玉米经筛选、脱皮、洗涤、速冻、分级、包装等简单加工处理，生产出鲜食玉米。

（4）薯类初加工。通过对马铃薯、甘薯等薯类进行清洗、去皮、磋磨、切制、干燥、冷冻、分级、包装等简单加工处理，制成薯粉、薯片、薯条等薯类初级制品。

补充词语

1	pèi mài	配麦	mix the wheat	mélanger le blé
2	mó fěn	磨粉	grind the flour	moudre le poudre
3	shāixuǎn	筛选	filter	filtrer
4	tuō ké	脱壳	hull	décortiquer
5	niǎn mǐ	碾米	grind the rice	moudre le riz
6	hōnggān	烘干	dry	sécher
7	jìnpào	浸泡	soak	tremper
8	fěnsuì	粉碎	smash	fracasser
9	fēnlí	分离	detach	séparer
10	tuō shuǐ	脱水	dehydrate	déshydrater
11	gānzào	干燥	dry	sécher
12	yùmǐchá	玉米碴	corn ballast	ballast de maïs
13	sùdòng	速冻	quick freeze	congélation rapide
14	cuō mó	搓磨	press and grind	presser et moudre
15	qiēzhì	切制	cut	couper

课后练习

1. 复习短文生词并熟记读音或书写生词。

2. 请看图说说玉米初加工的方式。

玉米

◦四、课后仿说

选择图 23-5 中的一种农作物，仿写一篇有关深加工的短文，100 个左右汉字。

(a)

(b)

(c)

图 23-5（见书后彩图）

第二十四课

园艺设施及其应用

 本课问题导向

1. 你知道园艺设施有哪些吗？
2. 你的国家有园艺设施吗？
3. 你的家乡以哪种园艺设施为主？

第二十四课

专业启动板块

一、词语

1	yuányì	园艺	gardening	jardinage
2	shèshī	设施	facility	équipement
3	jiǎnyì	简易	simplicity	simplicité
4	sùliào	塑料	plastic	plastique
5	bómó	薄膜	thin film	film fin
6	gǒngpéng	拱棚	arch shed	canopée
7	wēnshì	温室	greenhouse	serre
8	gòujiàn	构建	construct	construire
9	gǔjià	骨架	skeleton	squelette
10	lìzhù	立柱	column	colonne
11	gǒnggān	拱杆	arch bar	tige d'arc
12	lāgān	拉杆	draw bar	barre de tirage
13	zòngliáng	纵梁	stringer	raidisseur
14	hénglā	横拉	horizontal pull	traction horizontale

15	yāgān	压杆	pressure rod	tige de pression
16	yāmóxiàn	压膜线	lamination line	ligne de laminage
17	súchēng	俗称	commonly known as	mieux connu sous le nom de
18	yǎnhuà	演化	evolve	évoluer
19	zhúmù	竹木	bamboo and wood	bambou et bois
20	jiégòu	结构	structure	structure
21	dāndòng	单栋	single building	bâtiment unique
22	kuàdù	跨度	span	ampleur
23	diàozhù	吊柱	hanging post	poteau suspendu
24	péngmó	棚膜	greenhouse film	film de serre
25	dìmáo	地锚	ground anchor	ancre au sol
26	miànjī	面积	area	superficie
27	gāngjià	钢架	steel frame	châssis en acier
28	gāngguǎn	钢管	steel pipe	tuyau en acier
29	hànjiē	焊接	weld	souder
30	jiāngù	坚固	sturdy	robuste
31	nàiyòng	耐用	durable	durable
32	yīcìxìng	一次性	disposable	jetable
33	tóuzī	投资	investment	investissement
34	tú	涂	paint	peindre
35	fángxiùqī	防锈漆	antirust paint	peinture antirouille
36	fángzhǐ	防止	prevent	empêcher
37	xiùshí	锈蚀	rust	rouiller
38	hùnhé	混合	mixed	mixte
39	dù xīn	镀锌	galvanized	galvanisé

○二、课文

　　用于园艺农作物生产的园艺设施类型很多，通常分为简易园艺设施、塑料薄膜拱棚、单屋面温室和连接屋面温室等。因为现代农业生产中塑料大棚使用得较多，所以我们先重点了解塑料薄膜大棚的构建。

塑料薄膜大棚的基本骨架是由立柱、拱杆（拱架）、拉杆（纵梁、横拉）、压杆（压膜线）等部件组成的，俗称"三杆一柱"。这是塑料薄膜大棚最基本的骨架构成，其他形式都是在此基础上演化而来的。

塑料薄膜大棚

塑料薄膜拱棚根据棚体高度、跨度不同又可分为塑料薄膜小拱棚、塑料薄膜中拱棚和塑料薄膜大拱棚。通常大棚跨度 10~12 m，高 2.5~3.0 m，长 50~60 m，单栋面积多为 666.7 m^2。

竹木结构单栋塑料薄膜大棚的跨度为 8~12 m，高 2.4~2.6 m，长 40~60 m，每栋面积 333~666.7 m^2，由立柱、拱杆、拉杆、吊柱、棚膜、压杆和地锚等构成。

钢架结构单栋塑料薄膜大棚的骨架是用钢筋或钢管焊接而成的，其特点是坚固耐用，中间无柱或只有少量支柱，空间大，便于农作物生长和人工作业，使用年限可长达 10 年以上，但一次性投资较大，而且每隔 2~3 年就要进行维修、保养，涂防锈漆以防止锈蚀。

此外，还有钢竹混合结构的塑料薄膜大棚、镀锌钢管装配式塑料薄膜大棚。

三、词语练习

1. 依据课文填空

① 用于园艺农作物生产的园艺_____很多，通常分为_____园艺设施、塑料薄膜_____、单屋面温室和连接屋面温室等。因为现代农业生产中_____大棚使用得较多，所以我们先重点了解塑料薄膜大棚的_____。

② 钢架_____单栋塑料薄膜大棚的_____是用钢筋或_____焊接而成的，其特点是坚固_____，中间无柱或只有_____支柱，空间大，便于_____生长和人工作业，使用年限可长达 10 年以上，但一次性_____较大，而且每隔 2~3 年就要进行维修、保养，涂防锈漆以防止锈蚀。

2. 看拼音写词语

gǔjià   lìzhù   gǒnggān   lāgān

_____   _____   _____   _____

zòngliáng   hénglā   yāgān   yāmóxiàn

_____   _____   _____   _____

súchēng	yǎnhuà	zhúmù	jiégòu
dāndòng	kuàdù	diàozhù	péngmó
fángxiùqī	fángzhǐ	xiùshí	

四、课堂表述与讨论

1. 请看图 24-1 所示是什么设施？在你的家乡有没有这种设施？

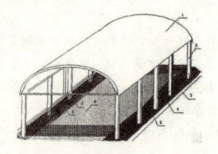

图 24-1

2. 请问图 24-2 所示的温室是哪类设施？

图 24-2

专业进阶板块

一、拓展课文

园艺设施是一种可调控农作物生长环境的农业技术，主要是利用特定的设施，如连栋温室、日光温室、塑料大棚、小拱棚和养殖棚等，人为地创造适合农作物生长的环境。园艺设施的运用，既可以提高农作物的产量和品质，进行反季节生产，南果北种，调整园艺农产品供应期，减少自然灾害对农业的影响，减少种植风险；还可以打破地域限制，扩大种植范围，有利于集约化大规模生产，使农业生产程序化、步骤化。

发展园艺设施农业，通过覆盖塑料薄膜或建造玻璃温室，人工调节阳光、温度和水分，创造适宜农作物生长的环境，彻底将"春种秋收，夏管冬藏"的农事程序变为"四季常青，全年收获"。其优势在这个方面较为凸显。

万物生长靠太阳。据科学家测定，露天种植利用的是太阳光合能量，只能获得太阳辐照地球总能量的 0.7%～1.2%。而园艺设施是唯一能够同时使用太阳光的光热转换和光合能量的一种技术，能够使太阳能光热转换利用率达到 80%，光合利用率达到 5% 左右，为农作物打造四季如春的种植条件，实现全年生产优质、高产、稳产的蔬菜、花卉、水果等农产品的目的，使得农作物的产量提升为露天种植的 5 倍左右。

补充词语

1	tiáokòng	调控	regulate	réguler
2	liándòng	连栋	townhouse	maison de ville
3	wēnshì	温室	greenhouse	serre
4	gǒngpéng	拱棚	arch shed	canopée
5	fǎnjìjié	反季节	out of season	hors saison
6	tiáozhěng	调整	adjust	ajuster
7	zhòngzhí	种植	plant	plante
8	fēngxiǎn	风险	risk	risque
9	dìyù	地域	area	région

10	xiànzhì	限制	limit	limite
11	jíyuēhuà	集约化	intensification	intensification
12	chéngxùhuà	程序化	routinization	routinisation
13	bùzhòuhuà	步骤化	step by step	pas à pas
14	fùgài	覆盖	cover	couvrir
15	sùliào	塑料	plastic	plastique
16	shìyí	适宜	suitable	convenable
17	jiànzào	建造	build	construire
18	bōli	玻璃	glass	verre
19	tiáojié	调节	modulate	régler
20	chèdǐ	彻底	thoroughly	complètement
21	chūnzhòng	春种	sowing in spring	semis au printemps
22	qiūshōu	秋收	harvest in autumn	récolte en automne
23	xiàguǎn	夏管	management in summer	gestion en été
24	dōngcáng	冬藏	storage in winter	stockage en hiver
25	yōushì	优势	advantage	avantage
26	tūxiǎn	凸显	highlight	souligner
27	guānghé	光合	photosynthesis	photosynthèse
28	néngliàng	能量	energy	énergie
29	huāhuì	花卉	flower	fleur

课后练习

1. 请写出上文中你觉得需要熟练掌握的词语。

2. 请朗读下面的短文。

园艺设施相对封闭的环境能够保持空气中的水分不流失，用极少量的水就能满足农副产品的生长需要，解决农作物生长过程中严重缺水的问题。园艺栽培技术在沙漠地带发展很快，其他像高寒冷凉地区、干旱缺水地区也是一样。

3. 请问草莓在温室与室外种植有什么不同？

草莓

4. 请问图 24-3 所示作物的种植环境是什么？

图 24-3

二、课堂仿说或仿写练习

【范文】玻璃温室

玻璃温室用的玻璃基本上有两种，一种是 5 毫米厚的单层钢化玻璃，该类型的玻璃破碎后不会形成锋利的碎片，因此比较安全。另外一种就是比较经济的温室园艺玻璃，但是这种类型的玻璃强度和耐候性较差，并且在破碎时会碎裂成较大、较锋利的形状，因此不予推荐。也有部分用户会选择透光率较高的漫反射玻璃以满足种植需求。

【仿写短文】塑料薄膜棚（100 个左右汉字）

_____

_____

_____

·三、阅读拓展

　　塑料薄膜大棚在园艺作物的生产中应用得非常普遍，中国自海南岛至黑龙江的广大区域均有大面积应用，主要用于早春果菜类蔬菜育苗。园艺作物可作春季早熟栽培，主要栽培作物有黄瓜、番茄、青椒、茄子、菜豆等，可比露地栽培提早上市 20~40 天；也可作秋季延后栽培，主要栽培的作物有黄瓜、番茄、菜豆等，一般可使果菜类蔬菜采收期延后 20~30 天。在气候寒凉的地区应用，可以进行从春到秋的长季节栽培，农作物种类主要有茄子、青椒、番茄等果类蔬菜。这种栽培方式中的早春定植与春茬早熟栽培相同，采收期直到 9 月末。不过需要注意越夏高温季节的管理。此外，利用塑料薄膜大棚还可以进行各种草花、盆花和切花栽培；也可进行草莓、葡萄、樱桃、猕猴桃、柑橘、桃等果树，以及甜瓜、西瓜等瓜果栽培。

补充词语

1	Hǎinándǎo	海南岛	Hainan island	île deHainan
2	Hēilóngjiāng	黑龙江	Heilongjiang	Heilongjiang
3	qūyù	区域	area	région
4	jūnyǒu	均有	both	tous les deux
5	zǎochūn	早春	early spring	début du printemps
6	zǎoshú	早熟	precocious	précoce
7	zāipéi	栽培	cultivate	cultiver
8	fānqié	番茄	tomato	tomate
9	qīngjiāo	青椒	green pepper	poivre vert
10	qiézi	茄子	eggplant	aubergine
11	shàngshì	上市	appear on the market	apparaître sur le marché
12	yánhòu	延后	delay	retarder

13	hánliáng	寒凉	cold	froid
14	dìngzhí	定植	move the seedling from its growing pot to the larger pot	déplacer le semis de son pot de culture vers le plus grand pot
15	chūnchá	春茬	spring stubble	chaume de printemps
16	pénhuā	盆花	potted flower	fleur en pot
17	qiēhuā	切花	cut flowers	couper les fleurs
18	pútao	葡萄	grape	raisin
19	yīngtao	樱桃	cherry	cerise
20	míhóutáo	猕猴桃	kiwifruit	kiwi
21	gānjú	柑橘	tangerine	mandarine

课后练习

1. 复习短文生词并熟记读音或书写生词。

2. 请说说图 24-4 中的温室结构采用了什么方式。

图 24-4

四、课后仿写

选择图 24-5 中的一种温室，仿写一篇 100 个左右汉字的短文。

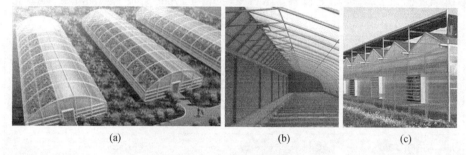

(a)　　　　　　　　　　(b)　　　　　　　　　(c)

图 24-5（见书后彩图）

后 记

对一名兼职、专职教授留学生基础中文二十五年的教师来说，临近退休又接了一门新课程——农机操作培训班的"农机汉语"，着实是"自找苦吃"！尽管需要紧跟农机班的专业进度，花费很多时间去寻找相对应的材料，做课件，备新课；因为疫情，一会儿线下教学，一会儿线上教学；每周课时数与上课时间也在不断地变动着，让人寝食难安……但每当听到学生们异口同声地用汉语字正腔圆地喊道："拖拉机！收割机！"我还是非常开心的。可以说，我是既累在其中，又乐在其中。之所以积极、认真参与农机汉语教学与教材的编写工作，其中的原因之一多少都与少年时代跟随支援大西北农业建设的父母，在农科所、农业局、水土保持研究所等单位推广科学种田的经历有关，也与自己少年时代学工、学农、学军，修建梯田有关……

作为一名中文教师，从1998年兼职给第一位留学生教汉语开始，我主要讲授基础汉语，无论是综合课、阅读课，还是口语课，教学文本几乎都是校园生活与人际交往的话题。近三年，虽然承担过国奖生农机专业留学生中文授课的"高级汉语"，但是专门讲授农机专业词汇与机械知识阅读还是头一遭，这对自己来说是一次极大的挑战。好在有两位年轻同事鼎力相助，我们三人克服困难，加班加点，在我讲课教案的基础上，按期完成了本教材的编撰工作。

本教材按照专业课程的进度，设置相对应的教学文本与教学模块。徐丹老师完成了"基础汉语·生活篇"四课的编写工作，每一段对话，每一个练习，她都力争做到及时沟通，认真修改。唐敏老师对教材的体例与文本选用提出了很多良好的建议，百忙之中还完成了第8、第11、第12、第15和第21五课的编写工作。词语的英法校注由谢寒完成，她为个别疑难词语的翻译付出了辛勤的工作。教材体例设计、课件制作、其他15课的编写及统稿工作均由本人完成。感谢编写团队的所有成员！

　　因为时间紧迫，加之专业受限，眼界和水平有限，教材中必定存在着很多盲点与遗漏，敬请专家、学者批评指正！期待有机会进一步提高。

　　本教材的出版得到了教育部中外语言交流合作中心 2021 年度国际中文教育创新项目的资助（项目号：21YH026CX5）。在此特别感谢任晓霏教授的大力支持与指导！

茅海燕

二零二二年十月三十日

图 5-1

图 5-2

图 5-3

图 6-1

图 6-4

图 7-2

图 7-3

图 8-1

图 8-2

（a）红壤

（b）黄土

图 8-3

图 9-5

图 10-1

图 10-2

图 10-3   图 10-4

出粮口   传输带
控制台   脱粒机
柴油机   耙禾器
橡胶履带   割台
分禾器

图 11-1

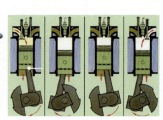

图 11-2   图 13-1   图 13-2

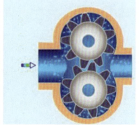

（a）柴油四驱装载机   （b）打包机   （c）齿轮泵

图 13-5

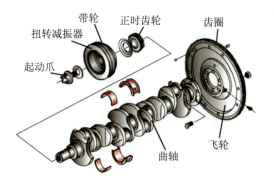

图 14-3

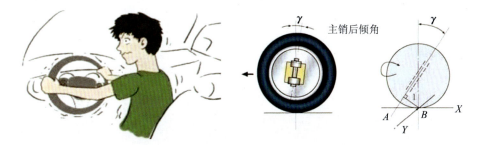

图 15-2

图 16-1

图 16-2

图 16-3　　　　　　　　　　　　　　图 16-4

图 17-1　　　　　　　　　　　　　　图 17-2

(a) 牛粪　　　(b) 鸡粪　　　(c) 羊粪　　　(d) 猪粪　　　　　　　　

图 18-1　　　　　　　　　　　　　图 18-2

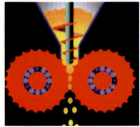

（a）造粒机　　　　　（b）风选机　　　　　（c）悬臂起重机

图 18-6

图 19-1

图 19-2

图 19-4

（a）校园气象站

（b）森林气象站

图 21-4

（a）

（b）

（c）

图 22-6

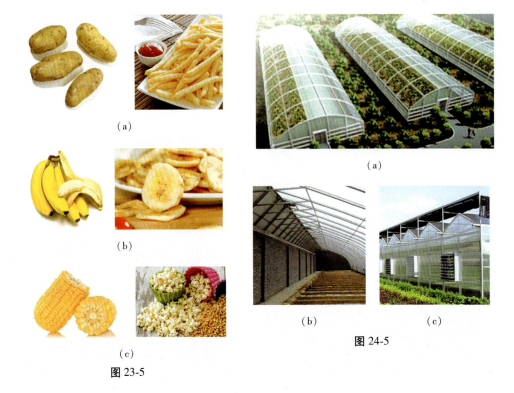

（a）

（b）

（c）

图 23-5

（a）

（b）   （c）

图 24-5